Cascading market crashes

暴落ドミノ

今すぐ資産はこう守れ！

澤上篤人
さわかみ投信 創業者／投資運用歴52年

はじめに

世界の金融マーケットをみるに、もういつ暴落がはじまってもおかしくない。秋が深まり、すっかり葉っぱが落ちてしまった柿の木の枝に、熟柿だけが色あざやかに残っている。その熟柿も、ある日ボタボタと落ちはじめる。そんな感じだ。

なのに、本書を執筆している２０２３年12月半ば現在、世界の金融マーケットはどこもまだ崩壊に至っていない。

それどころか、米国のＮＹ株式市場では、代表的な株価指標であるダウ工業株30種平均株価が連日のように史上最高値を更新している。

どこをみて、金融マーケットの暴落は時間の問題だと言っているのか。そういった批判を浴びそうである。

それでも崩れる、そう強調したい。本書が刊行される頃には、世界の金融マーケット崩落の嵐が吹き荒れているかもしれない。

金融緩和バブル、そう言っていい展開だが、もういつ大崩れをはじめてもいい。その先では、あらゆる金融商品で大暴落の連鎖は免れない。それは、経済合理性のしからしめるところである。

経済合理性が働く？　そう、経済では勢いが強まって、ひとつの方向へ行き過ぎるのは、よくあること。

しかし、その間にも反動エネルギーは着々と蓄積されていっている。そして、どこかで力関係が拮抗し、逆に反動エネルギーが勝りだす。そこで勢いの方向が反転する。それを、経済合理性が働いたという。ちょうど、ゴムが引き伸ばされるにつれて、縮もうとするエネルギーがどんどん蓄えられていくのと同じだ。そして、どこかで反転エネルギーが勝って、ゴムは一気に縮む。

ゴムが伸び切って、プチンと切れてしまったら、どうなるのか？　それが、歴史に残る「なんとかショック」とされるバブル崩壊である。

本書では、金融緩和バブルの生成発展からはじめて、暴落ドミノまで一気にペンを進めている。そして、想像を絶する大混乱の中、いかに資産を守り、さらなる資産形成を進めていくかに言及している。

資産形成？　そう、筆者の専門分野である。これから襲来する大混乱を、いかに乗り切っていくべきかを、読者の皆さんと共有したい。

なにも、恐れることはない。むしろ、大チャンスが待ち構えているのだ。

２０２３年12月

澤上篤人

目次／暴落ドミノ　今すぐ資産はこう守れ！

はじめに 2

第1章
暴落はもう、秒読み段階だ

01 不安定になってきた世界の金融マーケット 16
02 しぶとく土俵際で残してはいるが 23
03 世界の機関投資家が踊り続けている 28
04 フィデュシャリー・デューティー（受託者責任）は、口だけか 34
05 いつ、機関投資家は売るのか？ 38
06 機関投資家が、暴落相場をリードする 42

第2章

ひずみが次々に顕在化する世界経済

07 40数年ぶりのインフレは根が深い 46
08 インフレの火は燃えだしていた 49
09 世界経済はズタズタに 52
10 スタグフレーションからディスインフレへ 56
11 経済グローバル化の功罪 59
12 貧困化が、インフレや地政学リスクに 63
13 各国が、自国第一主義に走りだした 66
14 インフレには、2種類ある 69
15 サプライチェーンの分断 74
16 さまざまなひずみがインフレをもたらした 77

第3章 金融緩和の果てに

17 マネーを供給すれば、経済はどんどん活発化する？ 82
18 政治家も大歓迎のマネタリズム 86
19 年金マネーは一方的な買い主体できたが 90
20 下値のメドがたたない暴落となろう 95
21 どれもこれも、とんでもなく売られるぞ 99
22 巨額の富が蒸発する 102
23 金融機関はダブルパンチを食らう 107
24 資産デフレの恐ろしさ 111
25 すさまじい信用収縮 116

第4章

どこから崩れだしてもおかしくない

26 世界のマーケットは、ドミノ現象で崩れ落ちていく 122
27 バブルの後始末に追われて、失われた30年 127
28 日銀の財務は異常に膨張してきた 131
29 株式ETFの保有など愚策の最たるもの 136
30 世界の債務残高も大きく膨れ上がっている 139
31 ノンバンクの過剰なリスクテイク 142
32 ノンバンクが世界の火薬庫に 147
33 世界の企業債務も増え続けてきた 151
34 個人の住宅ローン破産にも要警戒 155
35 中国も不安材料に 158
36 想像を絶する資産デフレがやって来る 163
37 ひどい下げは、もはや不可避だ 167

第5章

暴落ドミノ、どう乗り切るか

38 まだ間に合えば… 172
39 売ったお金は、どこに置いておくか 177
40 ペイオフ制度があるから安心？ 181
41 地味だが安全なお金の置き場所 184
42 他に安全な投資先はないのか？ 188
43 暴落後の運用をどうするか 191
44 インデックス運用は冬の時代に 197
45 アクティブ運用の大復活 200
46 大バーゲンハンティングに打って出よう 205
47 新NISAも苦難のスタートになろう 208

第6章 機関投資家運用の落とし穴

48 まともな長期投資家がいない現実 212
49 資産運用マシーン化する世界の機関投資家 216
50 おかげで経済や社会に大きなひずみが 219
51 サラリーマン根性まる出しの「代理人運用」の限界 225
52 投資本来のあるべき姿と乖離する現実 229
53 所有と経営の分離とはいうものの 233
54 巨大な運用マネーのリスク管理 238
55 リスクコントロールしているから大丈夫? 242
56 カウンターパーティ・リスク 246

第7章

これが本物の長期の資産形成だ

57 資産を保全しつつ殖やしていく 250
58 大きな下げを食らえば、元も子もない 254
59 投資運用における虚と実 259
60 買って売るのリズムを大事にする 263
61 お金持ちの運用に学ぼう 268
62 投資運用のエッセンスは全部入っている 273

第8章

金融のプロは、資産運用がわかっていない

63 やたら新NISAで沸いているが 282
64 これから先、長いお付き合いができるのか？ 287
65 投資運用が存在しなかった日本 291
66 金融ビジネスとは時間軸が違う 295
67 大量設定、大量解約、野たれ死にの山 299
68 機関投資家は何をしているのか？ 303
69 一体なんのため、誰のための資産運用ビジネスか 306
70 投資家は営業トークにだまされるな 310
71 長期の実績をしっかり見極めろ 315

おわりに 318

本書の見解は筆者個人によるものです。
投資はご自身の判断で行ってください。
筆者ならびに発行元は、その責任を負いかねます。

第1章

暴落はもう、秒読み段階だ

01

不安定になってきた世界の金融マーケット

世界最大の経済規模を誇る米国で、２０２３年７月には短期金利が５・25％にまで引き上げられた。

長期金利も10年物国債の流通利回りでみると、10月の第４週のはじめには５・02％と２００７年７月以来16年ぶりの高水準を記録した。

この長期金利の急上昇には、９月20日の米連邦公開市場委員会（ＦＯＭＣ）が一役買った。そこで、２０２４年に想定される利下げ幅を縮めたのが、ひとつの要因とされている。

米連邦準備理事会（ＦＲＢ）は金融引き締めで景気を冷まし、インフレ抑制を狙ってきた。そのＦＲＢをあざ笑うかのような長期金利の上昇ぶりである。

現に、世界で最も安全な資産とみなされている米国債が、10月まで６か月連続の下落となっている。それは、**図表１**に示した10年物国債の利回り上昇に、はっきりとみられる。

世界的なインフレ圧力が徐々に顕在化しだした２０２０年からの、10年物国債利回りの急上昇ぶりには要警戒である。債券流通利回りが、これだけ上昇したということは、債券価格の大幅下落を意味するからだ。

ちなみに、米連邦預金保険公社（ＦＤＩＣ）は、米銀の債券含み損が23年9月末に６８３９億ドル（約１００兆円）だったと、11月29日に発表している。その含み損だが、２０２３年の６月末と比べ２割強も増えたとのこと（日本経済新聞／２０２３年12月１日）。

これは、ＦＤＩＣが四半期ごとに預金保険対象の金融機関の財務状況を集計したものである。商業銀行と貯蓄金融機関（Ｓ＆Ｌ）の計４６１４行が対象となっている。

それにしても、米国の銀行が保有する債券で、１００兆円もの含み損は大きい。

２０２３年3月に破たんしたシリコンバレーバンク（ＳＶＢ）は、預金の急流出に応

【図表1】**米国の長期金利は急上昇している**

■2023年10月末に16年ぶりの5%台をつけた
■インフレ圧力が顕在化してきた2020年からの急上昇に要注意

米10年債利回り推移

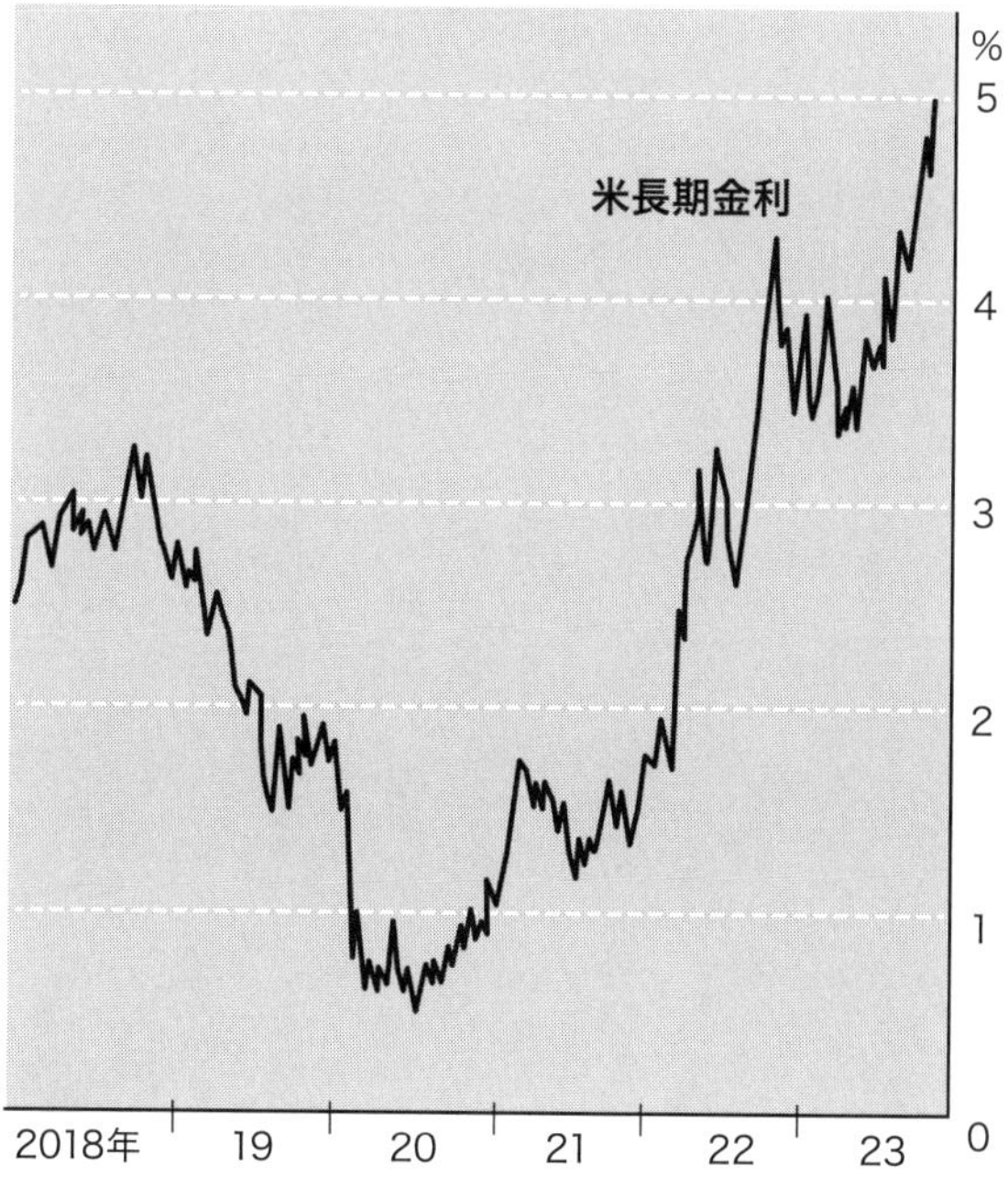

(日本経済新聞/2023年10月28日)

じる必要が生じて、含み損を抱えていた債券を売却した。それで、巨額の実現損を計上することになったためだ。

債券売却による損失計上が、資本不足を招いた。それがさらなる預金流出につながる悪循環に陥って、ＳＶＢはあっという間に破たんしたわけだ。

これだけ金利が上昇してくると、ひとつ間違えたら、いくらでもＳＶＢの二の舞となる。そういった銀行破たんの図式には要警戒である。

ともあれ、12月に入って、２０２４年の夏には金利引き下げが期待できるとして、米国の長期金利は急低下してきている。２０２３年12月８日現在、10年物国債の流通利回りは４・２％まで下がってきた。

だからといって安心はできない。長期債の利回りが４％台は、リーマン・ショック後のゼロ金利時代からみると、もう十分に高い水準なのだから。

一方、株式市場はとみると、やはり10月末には、巨大テック株を中心に大きく下げた。（**図表2**参照）

米国株市場の上昇をリードしてきた、グーグルの持ち株会社アルファベットをはじめ、アップル、エヌビディアなど主要テック7社の時価総額が10月の株安で4100億ドル（約60兆円）も減少した。

これも金利上昇がもたらした影響である。その後、11月12月と米国の長期金利が低下傾向を示したのを好感して、株価全般はやや持ち直してきてはいる。

【図表2】**米国株市場の上昇をリードしてきた巨大テック株が急落**

■巨大テック7社の時価総額が2023年10月には60兆円減少

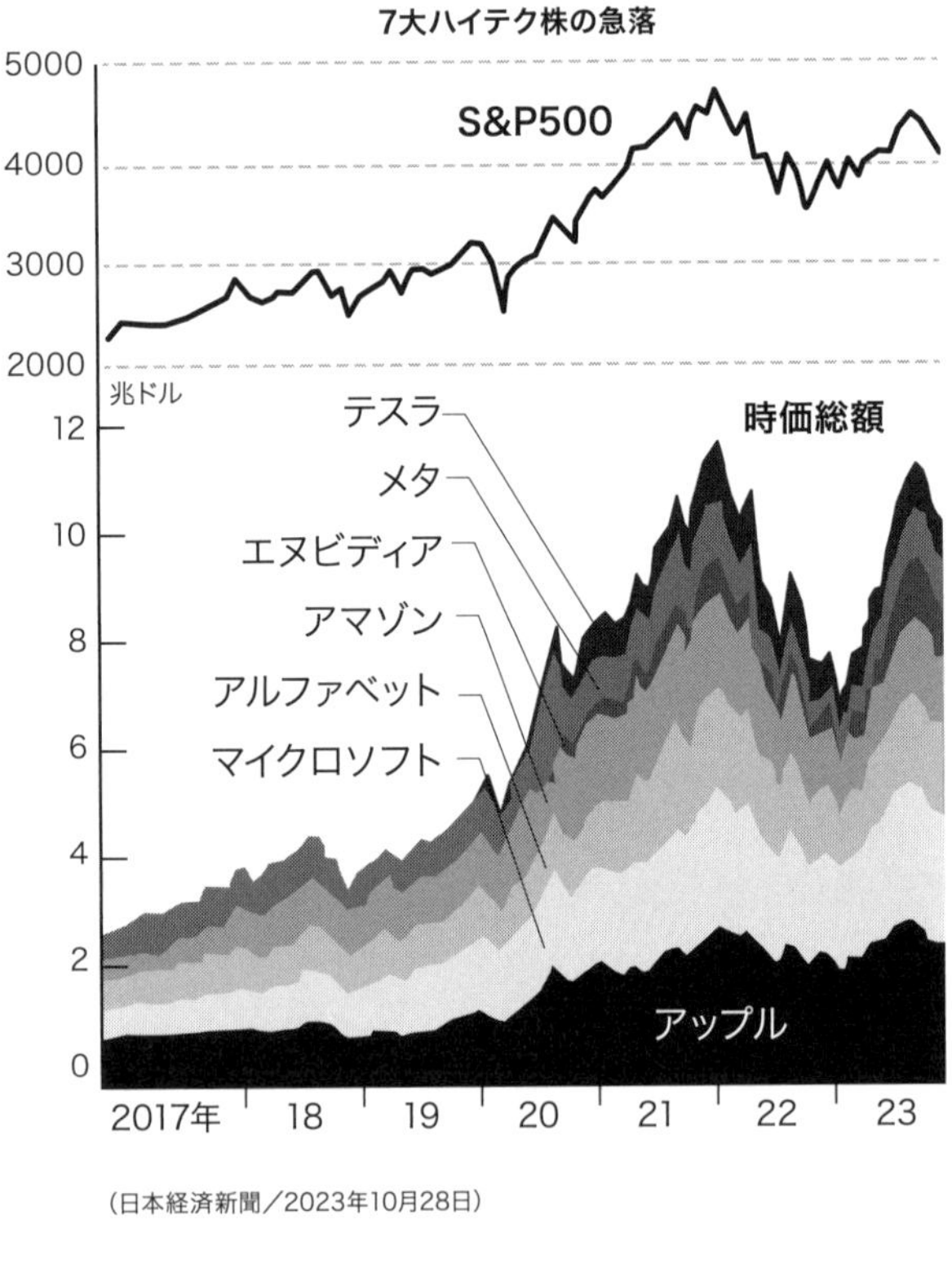

(日本経済新聞／2023年10月28日)

02

しぶとく土俵際で残してはいるが

ここへきて、「インフレ圧力が収まってきた」といった希望的観測がでてきている。米国の金融マーケットでは、インフレ克服もみえてきたといった期待感が高まり、長期金利が急低下してきた。

インフレが鎮静化するのなら、10年物国債で5％あるいは4％台後半の利回りは十分に魅力的である。そこで、機関投資家を中心に長期債買いが急増して、金利急低下となったわけだ。

残念ながら、インフレ克服を期待するのは甘い。ここまでの急速なインフレ昂進と比べるに、上昇ピッチがやわらいできただけのこと。

たしかに、インフレの上昇ピッチはやわらいできたかもしれない。そうはいうものの、諸物価は高止まりしていて、人々の生活を圧迫し続けている。

もちろん、現在よりはずっと低かった3年前までの物価水準に戻るなんて、とうてい考えられない。

それどころか、むしろこれからだ。この3年余のインフレによって高騰した新しい価格体系を、米国経済全体が織り込んでいくのは。

諸物価が3年前までの水準からは、大きく跳ね上がってしまっているのだ。経済活動も日々の生活も、この3年間のインフレがもたらした新しい価格水準に対応していかざるを得ない。

どの企業も原材料費など仕入れコストの上昇やら、燃料費はじめエネルギーそして賃金コストの上昇を、どう吸収していくかが迫られている。

悩ましい問題である。

商品の値上げやサービス価格の引き上げなどで、よほどうまく価格転嫁できればいい。さもなくば、収益を大きく圧迫する。

もちろん、ここまでの金利上昇で、運転資金などの借入コストは大きく上がってきている。

社債を発行するにも、上乗せ金利は跳ね上がってきている。それらのコスト増も経営を重く圧迫する。

これらのコスト上昇を勘案するに、企業収益は今後かなり下振れすることになろう。それは避けられない。下振れどころか、企業によっては大幅減益や赤字転落もあり得る。

なのに、投資家や市場関係者は株価の先行きを警戒するどころか、楽観視する向きが支配的である。仕入れコストや賃金コストの上昇それに金利高騰が、いよいよこれから企業収益を大きく圧迫しだすというのにだ。

一方、債券市場はというと、さすがに金利上昇を反映して２０２２年から下げ基調にある。２０２３年３月には、米国の地銀３行が経営破たんしたりもした。

それでも、債券投資家の間では、さほど先行きに警戒心を高めていない。

現に、経営基盤が弱く信用力の低い企業などが発行するジャンク債などは、いまだに値を保っている。米国の10年物国債の利回りが４％台後半から５％にまで高まってきているというのに、乗り換え売りの兆候さえみられない。

普通の投資家感覚からすると、これだけインフレ圧力が高まり、金利も急ピッチで上昇してきているのだ。それを受けて、ジャンク債などは一刻も早く売って、信用力が圧倒的に高い米国債に乗り換えようとするのが常識である。

それなのに、どの投資家も相変わらず格付けの低いジャンク債を保有し続けているのだ。同じ投資家として理解に苦しむ。

そうなのだ。米国を中心に、株式市場にしても債券市場にしても、信じられないほどにしぶとく高値水準を保っている。

投資家や市場関係者の間で、それほどまで楽観論がはびこるだけの買い材料があるのだろうか？

否、まったく別の要因で、米国はじめ世界の株式市場や債券市場が、かくもしぶとく下支えされている。そう考えざるを得ない。

03

世界の機関投資家が踊り続けている

よく機関投資家は「音楽が鳴っている間は、ダンスを踊り続ける」といわれる。

踊り続ける？　そう、機関投資家の運用者たちは、ずっとマーケットにしがみつくをもって運用としており、決してマーケット動向から離れようとはしない。

普通、投資家が資産を運用するにおいては、どこかで利益確定の売りを出す。それでもって、投下資金を回収し、収益を確保しようとするわけだ。

この、適度に利益確定していくリズムを最も大事にする。

ところが、世界の大半の機関投資家たちは自分の判断でダンスを踊りはじめたり、踊るのを止めたりはしない。適度なタイミングをみはからって、買ったり売ったりをしないのだ。

彼らはずっとマーケット内にとどまって、ひたすらマーケットでの価格変動についていこうとする。

踊るのを止めない？　止めようともしない？　そう、彼らは決して自分の投資判断で行動しようとはしないのだ。どういうことか？

機関投資家の運用者たちは、朝から晩まで運用成績を出すことに追いまくられている。それも、競争相手との成績評価で後れをとるわけにはいかない、そういったプレッシャーの中でだ。

そんな彼らからすると、自分の判断で勝手に買いはじめたり、さっさと利益確定の売りを出したりは、絶対にできない。あまりに危険過ぎるからだ。

あまりにも危険？　たとえば、ずっと下げ相場が続いてきた。そろそろ買い時だと判断して、さっさと買いはじめたとしようか。

頃合いだと判断して買いはじめたものの、自分の読みに反して、まだまだ下げ相場が続いたりすると、もはや一巻の終わり。マーケットの下げトレンドに逆らって、無謀な高値買いをしたと、批判の嵐にさらされる。

一方、現在のような高値追いのマーケット展開で、そろそろ売り時だと判断して、利益確定の売りを出しはじめるとしよう。

ところが、マーケットが相変わらず上昇を続けたりすると、もう大変。悲劇のはじまりとなる。

こちらはすでに売ってしまった。その結果、相変わらず上昇を続けているマーケットからは、置いてきぼりを食らってしまうことになる。

もちろん、下手に利益確定の売りなど出さず、そのままマーケットに居残った競争相手からは、運用成績で大きく引き離される。

それはそのまま、運用能力が劣るという烙印を押されてしまうことになる。

機関投資家にとっては成績がすべてである。成績が劣るとなれば、運用者は給料やボーナスが減額となったり、しばしばクビを宣告される。

運用会社としても、ビジネス的に大きなマイナスとなる。成績不振が問われ、投資家顧客から預かっている運用資産の減額や、資金の引き揚げが通告されることになりかねないのだから。

自分の投資判断で下手にマーケットから離れてしまったがために、つまらない悲劇を招くことになるわけだ。

そういうことなら、余分な投資判断などせず、おとなしくマーケットについていった方が、はるかに安全である。

ただひたすら、マーケットについていく。それでは、とてもではないが投資運用とはいえない。ましてや、運用のプロであるはずの機関投資家として、あまりにもダラシがない。

残念ながら、これが世界の機関投資家運用というものの現実である。ちょっと信じられないかもしれないが、世界中の機関投資家たちの大半が、ことほど左様に、マーケットにべったりの運用（?）から一歩も離れないのだ。

言い過ぎ?

言い過ぎどころか、100回でも1000回でも、彼らはダラシがない運用をしていると言ってやってもいい。

04

フィデュシャリー・デューティー（受託者責任）は、口だけか

もしだよ、機関投資家の一部でも、われわれ本格派の長期投資家と同様の、独自の判断による投資行動をしていたら、どうなると思う？

そういった売りで、株式市場をはじめ世界の金融マーケットは、ずっと前から下げはじめているはず。

こんなカネ余りバブル相場の最終段階では、一刻も早く利益確定の売りを出そうとするのが、まともな投資感覚というもの。

ひとたび崩れに入ったら、すさまじい売りが集中するのは火をみるより明らかなんだから。

いつどんな時でも、顧客資産が大きく目減りするリスクを避けるのが、機関投資家の受託者責任である。それを、「フィデュシャリー・デューティー」という。

世界的なインフレ圧力で、これだけ金利が上がってきているではないか。カネ余りバブル相場に対し、金利上昇の刃が突き刺さってきているのだ。マーケットが大崩れするのは時間の問題である。

いくら運用成績を出すのに追われているといっても、どこかで大きな下げを食らったら元も子もない。大きく下げはじめる前に売っておこうとするのが、普通の運用感覚である。

フィデュシャリー・デューティーの観点からも、早め早めでマーケットの下落リスクを回避しようとするのが、機関投資家の責務だろう。

ところが、そういった早め早めの売りが、まったく出てこないのだ。だから、世界の株式市場や債券市場をはじめ金融マーケット全般が、こうもしぶとく高値圏に張りついているわけだ。

もちろん、相場のことだから、この先どうなるかは神のみぞ知るところ。

しかし、いかなる相場も、しょせんは投資家たちの利益追求行動の集合体である。損しそうだとなれば、皆が一斉に売りに走る。それこそ理屈抜きでだ。

そして、どんなに大きな相場も、永久には続かない。いつかは経済合理性に向かって収れんしていく時がくる。

まともな投資家であれば、インフレや金利上昇がもたらすであろう、つまり経済合理性の水準を常に意識して、そこに照準を合わせた投資行動をするのが当然のこと。ましてや機関投資家は顧客資産を守る責務を、一時としてないがしろにはできないはず。それなのに、年金をはじめ世界の運用マネーの大半を預かっている機関投資家たちは、マーケットにべったりと引っついたままでいる。

まさに、この現実が世界の株式市場や債券市場が、しぶとく高値圏に張りついている背景である。

巨額の資金を運用している機関投資家たちが、誰も自分からは売ろうとしない。それでは、マーケットの暴落など起こりようがない。

05

いつ、機関投資家は売るのか？

空前のカネ余りを背景に、次から次へと流入してくる資金で買い上がってきたのが、ここまでの世界の金融マーケット。さすがのカネ余り相場も、いよいよもう時間の問題で大崩れに入っていこう。

それに対し、世界の機関投資家たちは、ずっと踊りを続けて、最後の最後までマーケットについていこうとする。彼らには、それしか選択の余地はない。

そういって、いつまで彼らは高を括っていられようか。

上がったものは下がる。それが、自然の摂理である。

熟した柿が突如として、ある日を境に、ボタボタと落ちはじめるように、いずれ世界の金融マーケットは大崩れをはじめよう。

現に、インフレ台頭と金利上昇という、実体経済からの刃が突き刺さってきた。カネ余りでバブル高してきた世界の金融マーケットに、金利上昇という経済合理性の刃が刺さってきたのだ。

この先、どんなきっかけでも、どんな理由でも構わない。熟柿が落ちるように、世界のマーケットは下げだそう。

ひとたび崩れに入るや、世界の金融マーケットは一気に奈落の底へと堕ちていく。それは避けられまい。すさまじい売りが集中するのだから。

そこでの主役は、その寸前までダンスを踊り続けてきた、世界の機関投資家たちである。

どこかで突然にマーケットが大崩れに入るや、機関投資家たちは一斉に売りはじめるのは眼にみえている。

どんな時でも、ひたすらマーケットについていくのが彼らの仕事である。だから、いざ暴落相場ともなるや、彼らは即座の売りに走る。

巨額の資金を運用している世界の機関投資家たちが一斉に売りを出せば、そこから先は一直線の暴落となる。彼らからすると、マーケットが下げているのだから、その下げについていくべく売るしかないとなる。

これが、世界の機関投資家運用の実態である。投資家としての判断や、それに基づく独自の行動などは、最初から最後まで放棄していて、ひたすらマーケットについていくだけ。

なんともお粗末な運用姿勢だが、そのあたりは第2章で詳述しよう。

ともあれ、世界の運用資金の大半を預かって運用している機関投資家たちが、大量に買い込んだ株式や債券をガムシャラに売ってくるのだ。ひどい下げとなる。

06

機関投資家が、暴落相場をリードする

マーケットは売り一色となり、収拾のつかない暴落相場となっていこう。

なんとも皮肉なことに、暴落の寸前までは、ひたすらマーケットから離されないようにと、しがみついてきた世界の機関投資家たちだ。そんな彼らだが、暴落相場では一転してマーケットの棒下げをリードしだすのだ。

彼らは大量に買い込んできた株式や債券をはじめ、あらゆる金融商品を片っ端から叩き売ってくる。どれもこれも値下がりしているから、一刻も早く手放して損失を最小限に抑えようと、ガムシャラに売りを出す。

その売りが、下げ相場に入ったマーケットの暴落を一気に加速させてしまうのだ。

暴落に入る前までは、ひたすらマーケットにしがみついていくことしか考えなかった。そんな機関投資家たちが、はじめて投資家らしい行動をする。

それが、彼らからすると、損失を最小限にすべく売り逃げを急がざるを得ないということだ。

相場が高値圏の間に、さっさと利益確定の売りを出しておけば良かった。そういって、まともな投資家なら誰だって大いに悔いるはず。

だが、そんなことなど機関投資家たちは露ほども考えない。ただひたすらマーケットについていっただけ。そして、下げ相場に遭遇してしまったぐらいの無責任な感覚である。

それどころか、投資損失を最小限にするのが機関投資家の責任とばかり、彼らは一転して、しゃにむに売ってくる。その結果、マーケットの暴落をさらに悲惨なものにしてしまう。

残念ながら、これが年金などわれわれ生活者の大事な虎の子を預かり運用してくれている、世界の機関投資家の実態である。いくら運用競争が厳しいといっても、受益者である投資家顧客からすると、あまりに無責任きわまりない。

第2章

ひずみが次々に顕在化する世界経済

07

40数年ぶりのインフレは根が深い

1970年代から80年代の半ばまで、世界はインフレの猛威に襲われた。その最大の要因は、もちろん2度にわたる石油ショックだった。

1973年10月に発生した第1次石油ショックで、戦後ずっと1バレル3ドル以下だった原油価格が、10ドルそして11ドルにまで跳ね上がった。

中東の石油産出国を中心としたOPEC(石油輸出国機構)が、原油価格を一方的に引き上げた。それに対し、世界中の非産油国は猛烈に反発した。

しかし、OPEC諸国の結束は固く、それならばと原油の輸出制限という手を打ってきた。石油などのエネルギーなくして、非産油各国の経済や社会は成り立たない。

かくして、世界は原油価格の1バレル10ドルを受け入れた。

エネルギー価格が一挙に3倍ともなれば、電気ガス料金など公共料金をはじめとして、諸物価の高騰は免れない。世界中でインフレの火が燃え広がった。

一方、世界の富はOPEC中心に産油国へと、すさまじい勢いで吸い込まれていった。そのため、非産油諸国の経済はガタガタになってしまった。

猛烈なインフレ下で、各国の景気は一挙に大きく落ち込んだ。企業倒産が多発し、街は失業者であふれ返った。どの国も税収減で、国や自治体による公共サービスは大幅に低下した。その結果、社会は大混乱に陥った。

ガタガタになってしまった経済を立て直そうと、非産油各国は公共投資をはじめとして、大量の資金を経済の現場へ投入した。それが、世界的な過剰流動性のはじまりとなっていった。

厳密には、60年代半ば頃から米国の多国籍企業の余剰マネーが、世界あちこちで滞留しだした。

それでもって、「ユーロダラー市場」と呼ばれたオフショアマネーのマーケットが自然発生していった。

これが、過剰流動性の走りである。

08

インフレの火は燃えだしていた

1971年8月に、米ニクソン大統領が突如として、金とドルの交換停止と、ドルの変動相場制移行を発表した。いわゆる、ニクソン・ショックだ。

それまでの米国は、ドルを持ち込めば無制限に金と交換するとしていた。そのため、ドル紙幣の発行は米政府の金の保有高を超えないという制約の下にあった。

ところが、金とドルの交換停止で、米国は金の保有高を意識せずに、いくらでもドル紙幣を刷ることができるようになった。

長年にわたって財政赤字に苦しんでいたこともあって、米政府は大量のドル紙幣発行に走った。マネーの大量供給で、米政府は財源不足をなんとか賄えるようになった。その横で、インフレの火が米国内で燃え上がった。

折も折、変動相場制への移行で、米ドルの交換レートが一気に下がって、輸入品の価格は急騰していった。これらが相まって、米国では1972年頃から、インフレの火が燃え広がりだしていた。そこへ襲ってきたのが、2度にわたる石油ショックだった。

経済の教科書ならずとも、資金の大量供給つまり過剰流動性は、インフレに直結する。エネルギー価格が急騰し、その上にマネーの大量バラ撒きが重なったのだから、たまらない。米国内では、インフレが猛威をふるうようになった。

米国だけではない。70年代半ば以降、インフレの火は世界中で燃え広がっていったのだ。OPECなど産油国も例外ではなかった。工業製品の輸入などで、世界のインフレが押し寄せていったのだ。そこで発生したのが、第2次石油ショックである。

イラン革命をきっかけに、1979年末から80年のはじめにかけて、原油価格は1バレル30ドル、そして34ドルへと跳ね上がった。

そうした要因もあったが、OPECなど産油国においてもインフレが蔓延していた。それで、原油価格をさらに引き上げて、国家収入の増加を図る必要があった。

それが、第2次石油ショックだった。

09

世界経済はズタズタに

2度の石油ショックで、世界のエネルギーコストは10～11倍になった。それで世界はひどい景気後退と、猛烈なインフレとの闘いとで、大混乱に陥った。

世界各国は大量の資金供給、つまり過剰流動性を余儀なくされた。その一方で、インフレ抑止という二律背反の政策対応を迫られた。

米国経済でみると、米政府が公式に景気回復を宣言したのは、1992年8月のことだった。それまで、およそ19年間というもの、米国民は惨たんたる生活を強いられたわけだ。

政府は財政の悪化で、歳出カットが常態化し、公共サービスなどへの支出は次々と削減された。教員や警官の大幅削減で、教育は急激に劣化し、犯罪の増加が社会不安をあおった。

また、ひどいインフレも国民生活を圧迫し続けた。猛烈なインフレ下、10年物国債の流通利回りでみた長期金利は、7年近く10％台に張りついた。

そしてついに、ポール・ボルカー財務長官（当時）がインフレ撲滅には強硬手段もやむを得ないということで、一気の利上げ政策を断行した。それで、1981年の9月には長期金利は15・8％にまで跳ね上がった。

米国の社会も経済も大混乱に陥った。

そんな状況が続いた中で、1981年に登場したレーガン大統領は、民間活力を喚起して米経済を立て直すしかないという政策を打ちだした。

それが、小さな政府と市場経済の徹底である。

民営化と規制緩和を断行し、そこへ大々的な税優遇というニンジンをぶら下げてやったのだ。このふたつの政策でもって、積極果敢な個人や事業家の背中を押した。

強いアメリカの復権を唱えたレーガノミックスは、政権の第2期に入るや徐々に成果を上げだした。

それを先取りするかのように、米国株市場は1982年8月から上昇に転じた。

長らく、つまり1966年頃からずっと低迷し、「株式の死」とまでやゆされた米国株市場が、1982年の8月から復活に入ったのだ。米政府が公式に景気回復を宣言する、ちょうど10年前のことだった。

10

スタグフレーションからディスインフレへ

1970年代から80年代前半までは、世界中でインフレが猛威をふるった。また、非産油国全般ではエネルギー価格高騰による景気の落ち込みがひどかった。

その結果として、世界経済は高インフレ下の景気低迷、つまりスタグフレーションに陥った。

多くの国々では、人々の生活水準が大きく落ち込んだ。それが消費需要全般の減退を招き、さしものインフレも80年代の半ば頃から鎮静化に向かった。

そして、世界はスタグフレーションから、ディスインフレ（インフレなき経済）の時代へと移っていった。

その世界的なディスインフレだが、80年代の半ばから、つい最近まで続いた。それには、世界経済のグローバル化が大きく関係している。

世界経済のグローバル化によって、低価格の工業製品や農産物が、どんどん世界市場に流れ込んできた。原油や天然ガス、それに一部の非鉄金属などは値上がりしたが、それらの価格上昇を補って余りあるほどの低価格化が進んだ。

一方で、石油ショック以来の過剰流動性は続いている。それを、第3章で詳述するマネタリズム理論による、大量の資金供給を良しとする考え方が後押ししている。

お金を大量にバラ撒けば、インフレの火が燃え上がる。それが経済の常識である。ところが、80年代の半ばから2021年の夏まで、世界にはインフレのイの字もなかった。

それはとりも直さず、世界経済のグローバル化による生活必需品の低価格化が、大貢献したことによるものだ。

グローバル競争の進展によって、工業製品や農産物の価格が低く抑えられてきた。それが世界経済をして、長くディスインフレ状態を保てた要因である。

11 経済グローバル化の功罪

世界的な自由貿易体制と経済のグローバル化によって、われわれは安い工業製品や農産物を享受してきた。その面では、大変にありがたかった。

まず世界の自由貿易体制だが、とりわけ日本は、その恩恵を最大限に享受してきた。エネルギーも工業原材料など資源もない日本だが、どれも世界中から自由に低価格で調達できた。

それを工業製品として世界中に輸出することで、外貨をたっぷりと稼げた。そのおかげで、日本は世界第2位の経済大国にまでのし上がることができた。

自由貿易体制の恩恵は、日本を筆頭に世界中の資源小国にも及んでいった。それは、それですばらしいことだった。

しかし、経済に限らず、なにごとにも表と裏がある。誰かにとってすごく良いことは、別のどこかの誰かにとっては苦しいことの場合もある。

そういった、日本など一方に良いことのしわ寄せは、必ずどこかに突出していく。

そのしわ寄せが、いま世界のあちこちで噴き出しているのだ。その典型が、経済グローバル化の裏返しである、多くの人々の貧困化である。

世界経済のグローバル化で、たとえば日本などがディスインフレを享受してきた横で、世界の多くの人々が低所得化にずっとあえいできたのだ。どういうことか?

世界経済のグローバル化の波に乗って、先進国企業は新興国や途上国に工場や農園（プランテーション）をどんどん建設していった。つまり、先進国の投資マネーが流れ込んでいった。

先進国の企業などが、より安い労働力をはじめとした低コスト生産を求めて工場やプランテーションを建設している間は、多くの資本が投下される。その間は、新興国や途上国は大いに潤う。それで、どの国の経済も急激な成長を遂げる。

しかし、そこから先は資本の論理が働きだす。できるだけ安く生産させて、高く売れば大きな儲けにつながる。つまり、新興国や途上国で、できるだけ低コストの生産を要求するわけだ。

そのうち、新興国や途上国での生産コストが上がってくれば、さらに低コストでの生産が可能な国へと資本は移っていく。そちらで、工場やプランテーションを建設し直すのだ。

それが嫌というのなら、いまある工場やプランテーションでの生産コストを、さらに引き下げさせるのみ。これが資本の論理である。

この図式は、新興国や途上国からの富の収奪に他ならない。「安く生産するか、さもなくばより安い生産拠点に移っていくぞ」という脅しである。

このような富の収奪が進めば進むほど、先進各国では低コストの工業製品や農産物を享受できる。その一方で、新興国や途上国はどんどん貧しくなっていく。あるいは、すこしも豊かになれない。

これが、世界経済のグローバル化の裏で、じわじわと進んでいった、世界の多くの人々の貧困化である。まさに、光の裏の闇である。

貧困化が、インフレや地政学リスクに

12

貧困化が進み、食っていけなくなった人々は、賃上げ要求に走る。それがかなわないとなれば、暴動化はじめ地政学リスクにつながっていく。

これが、2021年頃から急速に高まってきた、世界的なインフレ圧力の萌芽である。


ずっと頑張ってきたけど、もうどうにもならない。そういった人々の「なんとかしてくれ」の訴えが、世界のあちこちでインフレ圧力となってきたわけだ。


資本の論理の追求に加えて異常な金融緩和バブルで、一部の人々の高所得化は極限にまで進んだ。その横で、世界各国で多数国民が低所得化に追いやられた。

食えなくなった人々の「なんとかしてくれ」の声が、世界中でコストプッシュ型のインフレを引き起こしてきたわけだ。

これは、かなり根の深い問題である。

多くの人々が食えなくなれば、パンを求めて暴動に走ったり、それこそ革命につながったりは、歴史の教えるところ。

もうすこし穏やかな展開ならば、賃上げ要求のストライキやデモとなる。

現に、賃上げ要求の火は世界中で燃え広がっている。

米国をはじめ先進国などでは、最近のデジタル社会やＡＩ化といった流れについていけずに単純労働に追いやられた人々も低所得層化してきている。

単純労働者として社会の低辺層をなしている人々が、賃上げ要求のストライキに走ったりすると、経済活動はあちこちで動かなくなる。

単純労働とはいえ、ロボットなどで代替できない経済活動のマヒ化は、経済全体にも影響が及ぶ。

ということは、彼らの賃上げ要求は無視できない。つまり、社会の底辺から食っていくための賃上げ圧力が高まってくると、相当に根の深いインフレ要因となっていく。

13

各国が、自国第一主義に走りだした

世界経済のグローバル化は、功罪をともなう展開となっていった。日本など先進国では、安価な工業製品や農産物を自由自在に購入でき、インフレのない経済を長いこと満喫できた。一方、新興国や途上国をはじめ多くの国々では、人々が低所得に追いやられたままの生活を余儀なくされた。金融マーケットの大発展で世界の株式市場などが活況を呈し、金融所得中心に一部の人々への異常なまでの富の集中が進んだ。その横で、地球上あちこちで経済停滞にあえぐ人々が増加していった。

そんな中、豊かさを存分に享受していたはずの先進国でも、多数国民の低所得化が進んだ。世界最大の経済大国アメリカにおいてでさえ、低所得層の貧困化が進んだ。強き良きアメリカの象徴でもあった中産階級の没落は、米国の社会問題となってきた。プアホワイト（貧しい白人層）も急増している。

そういったプアホワイト層の現状不満を巧妙に取り込んだのが、トランプ前大統領である。米国に工場を戻し雇用を拡大させるとかの、場当たり的なポピュリズム政策を唱えて米国社会の分断を助長させた。

各国での低所得化や貧困化が顕著になってくるにつれ、世界中で社会が不安定化し、さまざまな問題が噴き出ている。

たとえば、世界各地で暴動が頻発し、民族や部族対立が激化するようになってきた。それが地政学リスクを高め、グローバル化で進んでいた世界の生産供給体系が、あちこちで分断や支障をきたすようになってきた。

それとともに、世界経済のグローバル化の象徴だった低インフレに急ブレーキをかけはじめた。

生活苦にあえいだり食えなくなった人々の自己防衛もあって、各国で資源の囲い込みなども目立つようになっていった。それが地政学リスクの高まりを増長させ、これまた世界的なコスト増を招きだした。

これらのどれもが、世界各地で自然発生しだしたインフレの萌芽となっていった。いわゆる、コストプッシュ型のインフレである。

インフレには、2種類ある

14

インフレには、大まかにいって2種類ある。
ひとつは、デマンドプル型のインフレで、これは需要の増加に対し供給が追いつかない状況下で発生する。

買いたい人が街にあふれ、値段はいくらでも構わないからとにかく手に入れたい。そういった買いたい需要が爆発している時に、供給力が追いつかないと、価格はどんどん跳ね上がっていく。

これを、デマンドプル型のインフレという。
猛烈な買いたい需要に追いまくられて、一時的に価格は急騰する。そんな中、価格急騰にビジネス意欲があおられて、供給サイドは生産力の増強に注力する。

そのうち生産供給体制の高まりに反比例するかのようにして、さしもの価格高騰も収まりだす。これが、デマンドプル型インフレの収れんとなっていく。

そう、デマンドプル型のインフレは、供給体制の高まりとともに自然と収まっていくタイプである。

生産体制の強化拡充に時間がかかる事業分野でも、2～3年あれば自然と鎮静化していく類のインフレといえる。

一方、もうひとつのインフレであるコストプッシュ型は、問題の根が深い。そう簡単には収まらないタイプである。

先の項で書いたように、低所得層からの賃上げ要求は相当に長く続く可能性が高い。なにしろ、低賃金でカツカツの生活を余儀なくされてきた人々だ。

そんな彼らにとって、エネルギーをはじめ諸物価の高騰は、それまでの生活苦に拍車をかける。「こんな状態では、もう食っていけない」となって、賃上げ要求に走りだす。

これが、コストプッシュ型のインフレの典型例である。もともとの生活苦に諸物価の高まりが乗っかってきたからたまらない。なんとかしてくれと、社会のあちこちで賃上げを要求しだす。

生産供給分野のどこかで賃上げ要求が高まってくると、人件費上昇圧力となって、あらゆるコスト上昇を引き起こす。

資源の採掘コストから、生産現場での製造コスト、さらには物流コストの上昇へと広がっていく。

そういったインフレ圧力の高まりを抑えようと、各国は金利を引き上げる。この金利引き上げが、企業にとっての生産供給コストの増加に直結していく。

これらのすべてが、そのまま生産供給コスト全般の上昇となって、諸物価の高騰に輪をかける。

諸物価の高騰は生活を圧迫するから、さらなる賃上げ要求へとつながっていく。

そういったコスト上昇のスパイラル的な連鎖は避けようがない。だから、コストプッシュ型のインフレは、根が深いものになっていくわけだ。そう簡単には収まってくれない。

とはいえ、コストプッシュ型インフレも最終的には収まっていく。

あらゆる生産がらみにおけるコストの追いかけっこ上昇が続いているうちに、さすがに経済全体が耐えられなくなっていくからだ。諸物価の高騰に生活者がついていけなくなると、需要全般が急激に落ち込みをはじめる。

長くインフレが続き、もはや生活者の需要がついていけなくなると、景気は急激に冷え込みだす。つまり、リセッションに突入だ。

リセッションへの突入で、需要はもちろん、供給サイドにも急ブレーキがかかることになる。

15

サプライチェーンの分断

コストプッシュ型のインフレが蔓延しだした中、2020年に新型コロナウイルス感染症によるパンデミックの問題が発生した。

このコロナ対策の中で、世界経済のあちこちでサプライチェーンが分断されてしまった。世界の生産供給体系もズタズタになった。

それまでの、世界経済のグローバル化による富の一方的な収奪に対する、世界各地での反発をも一挙に飛び越えてだ。

コロナの感染防止ということで、各国は国境閉鎖や都市封鎖（ロックダウン）、外出禁止や自宅待機などの施策を矢つぎ早に打ちだした。また、海外からの労働力を母国に戻した。

その結果、世界中の生産体系や物流網がズタズタに分断された。

世界経済のグローバル化で築き上げてきた低コストの生産供給体制は、一気に機能不全をきたしたわけだ。それはそのまま、諸物価高騰につながっていく。

まず世界的な低コスト生産だが、エネルギーや工業原材料や機械設備さらには部品などの調達に支障をきたす。その分、生産コストは上昇する。

また、工場をはじめ港湾や建設関連労働者なども、海外からの低賃金労働力に頼ってきた。そんな労働力を、コロナ禍で母国に戻した。その結果、あちこちで労働力不足の悲鳴が上がった。

たとえば、米国のロサンゼルス港では港湾労働者の不足で、荷降ろし待ちの貨物船やコンテナ船が港の外、はるか海上にまで数珠つなぎに並んでいた。

どれもこれも、コスト上昇圧力となっていった。


2022年の夏頃から、コロナ禍はさすがに収まっていった。それに代わって浮上してきたのが、米中の貿易摩擦による中国製品の締めだしである。

いまや世界の工場を自他ともに認める、安価な中国製品が輸入制限の対象となっている。その分だけ、中国以外の国から工業製品などを調達する必要があり、これまたコスト上昇要因となっていく。

16

さまざまなひずみがインフレをもたらした

世界的なインフレ圧力は、そう簡単には収まりそうもない。ここまでみてきたように、コストプッシュ型のインフレが世界的な貧困化や地政学リスクの高まりを背景にしているから、やっかいである。

また、米中の貿易摩擦のみならず、世界各地での民族や部族対立による政情不安や、ポピュリズム的あるいは権威主義的な独裁政治の台頭など、世界的にみて経済不安定化要因は目白押しである。

ロシアによるウクライナ侵攻や、イスラエルとパレスチナのイスラム組織ハマスとのガザ地区での戦闘などもあり、世界のエネルギーや食糧の供給網が、いつどう分断されるかといったリスクにもさらされている。

どれもこれも、ひとつ間違えると、世界経済に大きな支障をきたす。それらに対して、国連などは機能不全をさらけ出している。

いってみれば、歴史に残るような「なんとかショック」が、いつ発生してもおかしくない状況下にあるのだ。

ひるがえって、世界の金融マーケットをみるに、相も変わらずカネ余りのバブル相場に浮かれている。だからこそともいえるが、次に「なんとかショック」が発生した時の大混乱は、想像を絶するものとなろう。

個人投資家はもちろんのこと、年金などを運用する機関投資家や金融機関などは右往左往のパニック状態に陥るのだろう。

この章で、いろいろな角度からみてきたように、世界経済に蓄積され、顕在化しつつある数々のひずみが、もういつ爆発してもおかしくないのだ。

この章の締め括りとして、**図表3**をとくと眺めてもらいたい。

いろいろなひずみの影響によるインフレだが、歴史的にみても大きな出来事と肩を並べるほど大きな問題と認識しておこう。

【図表3】**歴史的なインフレ水準**

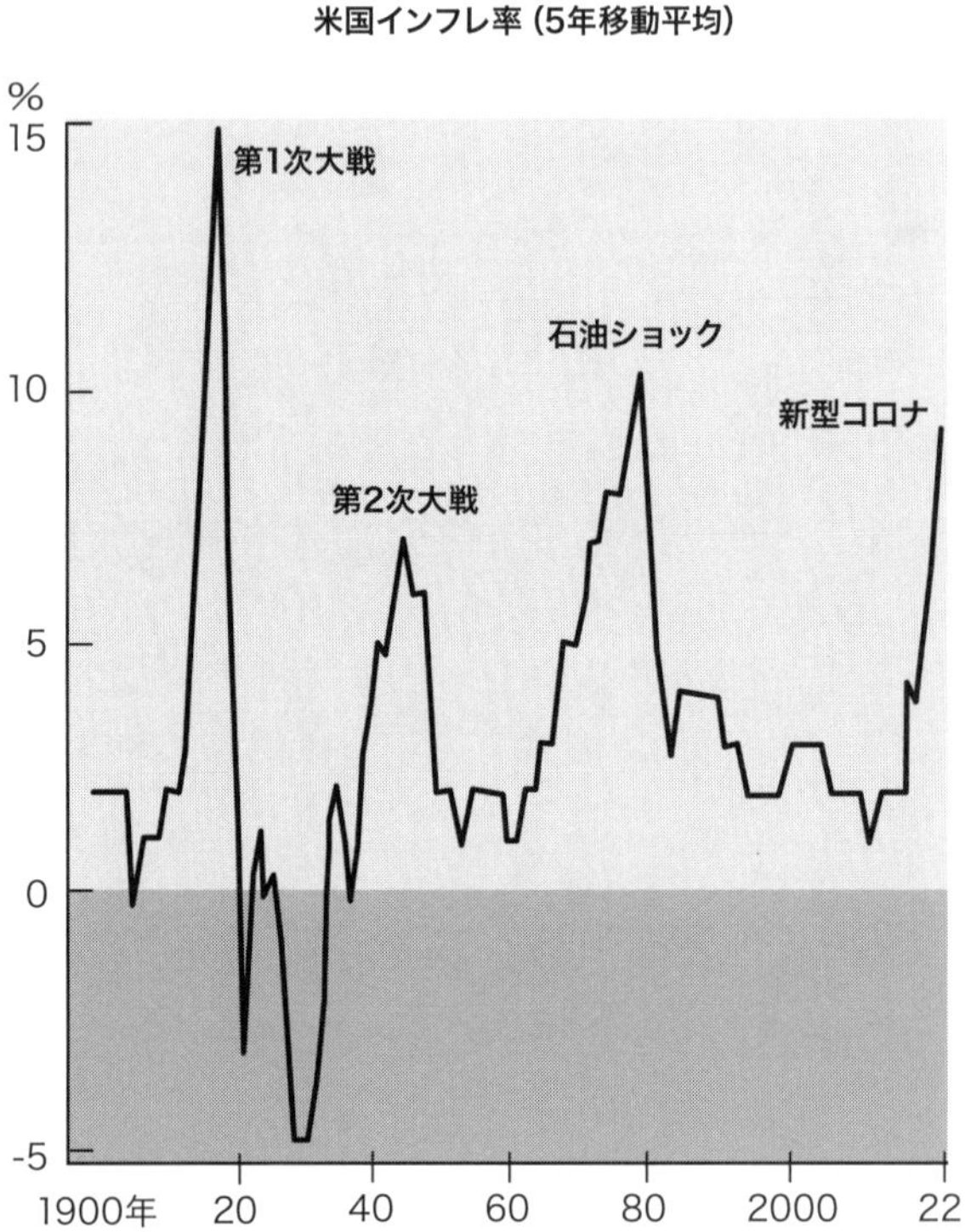

［注］インフレ率は消費者物価指数の前年比。予測値は四半期ごと
［出所］ミネアポリス連銀、OECD（予測値）

（日本経済新聞／2023年1月6日）

第3章

金融緩和の果てに

17

マネーを供給すれば、経済はどんどん活発化する？

世界は先進国を中心に、この40年あまり、これでもかこれでもかと金融緩和を深掘りしてきた。

そもそもの発端は、ノーベル経済学賞受賞のミルトン・フリードマン教授らが唱えた「マネタリズム」と呼ばれる経済理論である。

マネーを大量に供給すれば、経済活動を活発化できる。企業の間でも生産意欲が高まり供給も増えるから、インフレの懸念もなく経済成長を促進させられるとする考え方だ。

それ以前の経済学では、まず需要ありきで、ごく自然体の経済活動の拡大を唱えていた。すなわち需要の高まりやイノベーションでもって、企業に供給力増強の投資を促がすというものだった。

たとえば、人々がより豊かな生活を目指して家電製品など耐久消費財を買いそろえようとすれば、企業はそれに応じて工場設備を増強しようとする。企業による設備の新設や増強の投資意欲が高まると、資金需要が発生する。雇用も拡大し、さらなる消費需要につながっていく。

この循環が高まっていくことで、経済活動はどんどん活発化するというわけだ。

一方、マネタリズムの考え方では、とにかく資金供給を増やしてやる。それで、万事良しとなるはず。まずはマネーの供給だという。

たとえば、ふんだんに資金を供給してやると、企業は設備増強や研究開発などの投資に前向きとなる。それらの投資が雇用を拡大し、消費余力を高め、ひいては経済活動を活発化させるだろう。そういった考え方だ。

また、大量の資金供給は株価が上昇するなど金融マーケットの活発化につながっていく。そして、株価などが上昇すれば資産効果を生む。保有している資産の価格が高まれば、豊かになった気分で新たな消費余力を生みだす。

つまり、資産効果による消費需要の高まりでもって、経済活動をさらに活発化させようというわけだ。

まずは、大量の資金を供給して株式市場をはじめ金融マーケットを活況にさせる。その先では、株価上昇などが資産効果を生んで、経済成長につながっていくという考え方である。

マネタリズム理論を推し進めていくにつれて、企業の投資増加もさることながら、金融マーケットの拡大発展の方に世の関心はどんどん向かっていった。

大量に供給されたマネーも、大半が金融マーケットへ流れ込んでいった。かくして、マネタリズム経済理論は金融マーケット擁護のためのもの。

そういった認識が一般化していった。

18

政治家も大歓迎のマネタリズム

政治家など統治者にしてみれば、マネタリズムはなんとも都合の良い理論である。それまで一般的だった需要の高まりやイノベーションでもって、経済活動の自立的な拡大を待つとする経済政策は、どうしても時間がかかる。

その点、マネタリズムなら、まずは資金供給を増やすときた。それなら作物の促成栽培と同じで、大量の資金供給という人為的操作でもって、経済活動をいくらでも活発化できるはず。

政治家にとっても、きわめて好都合である。マネタリズムの政策を推進していくことで、株式投資などで自分の資産を殖やしつつ、国民には経済成長を享受してもらえるのだから。もちろん、マーケットは大活況となる。

大量の資金を供給してもらえるだけではない。為政者たちも株高などによる自分たちの資産増加を強く意識した政策を、どんどん打ちだしてくれる。金融マーケットでは大歓迎の展開である。

そんな背景もあって、世界がマネタリズムに舵を切った1980年代から今日まで40年あまり、世界の株式市場など金融マーケットは拡大に次ぐ拡大を遂げてきた。世界の金融マーケットで取り扱う資金規模も天文学的な水準にまで膨張した。株式市場や債券市場などへの流入資金量も、かつてとは比べものにならないほどの規模となっている。

世界の株式市場や債券市場の時価総額は、うなぎのぼりに巨大化してきている。

リーマン・ショック後の15年間は、さらに拍車がかかった。史上空前ともいわれる量のマネーが供給された。先進各国は巨額の財政資金投入で、どこも国の借金を大きく膨らませた。中国は当時の円換算で57兆円にのぼる巨額の財政出動をした。

先進各国の中央銀行も、国債や住宅ローン債権などの無制限買い取りなどで、財務規模を異常に膨らませた。普通、各国中央銀行の財務規模は、その国のGDP（国内総生産）の10％ちょっとである。

それに対し、米ＦＲＢは40％弱にまで、ヨーロッパ中央銀行（ＥＣＢ）は60％にまで膨らませた。日銀に至っては、日本のＧＤＰのなんと１３０％にまで財務を膨らませている。

途方もなく巨額のマネーが、リーマン・ショック後に供給されたわけだ。そのかなりの分が世界の金融マーケットに流れ込んでいって、株式や債券などを買い上がってきた。

いってみれば、株式市場など金融マーケットには途方もなく巨額の買い残高が、すさまじい勢いで積み上がってきているわけだ。

その金融マーケットが一転して大崩れに入った時には、集中するであろう売りは想像を絶する量となり、すさまじい暴落相場となろう。

マネタリズムの横で、もうひとつ世界の金融マーケットが大膨張した要因がある。

それを次に、みていこう。

19

年金マネーは一方的な買い主体できたが

1960年代の終わり頃から70年代のはじめにかけて、先進各国では国民年金の制度が整備されていった。つれて、70年代も終わり頃から年金の積立マネーが急増をはじめた。

どんどん積み上がってくる年金マネーは、新規の運用資金として株式市場や債券市場へ流れ込んでいった。

その年金マネーだが、早くも80年代はじめには、世界最大の運用マネーとして、誰もが認める巨大な存在となった。

それから40年あまりというもの、積み上がる一途だった年金マネーが、運用先として世界の株式市場や債券市場をはじめとした金融マーケットに、洪水のように流れ込んでいった。

そう、どのマーケットにおいても、年金マネーが圧倒的な買い主体として君臨してきたのだ。

また、どんどん膨れ上がっていく年金マネーが、その運用先をも多様化させていった。平均株価指数を買うパッシブ運用も、指数先物取引もオプション取引も、どれもこれも年金マネーが運用先の拡充拡大を求めた結果である。

株価でも債券価格でも、次から次へと流入してくる資金で買い上がれば、いくらでも高くなっていく。

増え続ける年金マネーの買い上がりでもって、この40年間、世界の株式市場や債券市場は空前の上昇相場を続けることになった。

さて、その年金マネーだが、この40年間はたしかに世界の金融マーケットでの買い主体であった。増え続けてきた年金の積立金で、金融商品を買い増しする一辺倒だった。しかしその状態は永久には続かない。そろそろ燃料切れに近くなっているのだ。

これまでは世界の金融マーケットで買い一方だった。それが、いずれ将来は売りに転じてくる。どういうことか？

国民皆年金の制度が整備されているのは先進国だけである。そして、先進国ではどこも国民の高齢化という問題を抱えている。

事実、先進国では10年ほど前から毎年の年金積立額よりも、毎年の給付額の方が多くなっている。そう、積み上がる一途だった年金マネーだが、すでに純流出に入っているのだ。

とはいえ、これまでに積み上がった年金マネーの資金プールは膨大な規模を誇っている。それが故に、いまのところ年金売りが世界の金融マーケットで脅威とはみなされていない。

しかし、いずれ時間の問題で、世界の年金マネーは一方的な買い主体の座を降りよう。そこから先では、膨大な年金マネーの資金プールを大事に守りながら、高齢化による年金マネーの純流出に対応していく運用に舵を切っていくのは避けようがない。

それは、世界の金融マーケットにおいて、これまで40年あまり買い上がり一方の存在だった年金マネーが、今後は普通の運用主体へと変貌していくことを意味する。

つまり、これから年金マネーは、買ったり売ったりの運用となるのだ。ということは、この先マーケットの動向次第では、年金の売りが大きなインパクトを与えることもあると認識しておこう。

これまでは買い一方だった巨額の年金マネーだ。すこしでも売りを出してくれば、そのインパクトは無視できまい。

20

下値のメドがたたない
暴落となろう

通常の相場展開や時折りの下落相場では、ある程度まで売りが出尽くすと、どんな暴落も自然と下げ止まるもの。

出てきた売りの大半が吸収されると、どこかで相場は下げ止まり、反転の兆しさえみせはじめる。それをみて、徐々に買いが多くなっていって次の上昇相場に入っていく。

ところが、今回の金融マーケットの崩れでは、世界中でどれだけ大量の売りが集中するのか想像もつかない。

40数年に及ぶ、これでもかこれでもかのマネー供給で、ひたすら買い上がってきたマーケットだ。それが総崩れとなるのだ。いつ頃、どのあたりで売りが出尽くすのか、それこそ未知の経験である。

とりわけ、2008年9月に発生したリーマン・ショックで、先進国はゼロ金利から、マイナス金利の世界にまで突入した。そして、史上空前の規模で資金を供給した。世界中の投資家たちは、ゼロ金利やマイナス金利をいいことに、もう野放図といっていいほどに買い上げてきたわけだ。そこへ空前の資金供給で、買い資金はどんどん流入してくる。

前代未聞の資金量で買い上げられた株式市場や債券市場など世界の金融マーケットだ。それが総売りとなるや、どんな暴落となるのか、もう想像の域を超えている。

売りが出てくるのは株式や債券など金融商品だけではない。

空前の資金供給とゼロ金利を背に買い上がってきた不動産やベンチャー関連企業も含め、あらゆるものが売りに出されるのだ。とんでもない売り地獄となるのは間違いない。

ちなみに、国際金融協会（ＩＩＦ）によると、世界の債務残高は２０２３年6月末時点で３０７兆ドルと過去最高を更新した。リーマン・ショック前から70％も増えている（日本経済新聞／２０２３年9月20日）。

それは、とりも直さずゼロ金利やマイナス金利の産物といえる。ゼロ同然の金利で資金はいくらでも借りられるとくれば、国や金融機関、企業そして個人も借金を膨らませるに決まっている。

そういったゼロ金利やマイナス金利下での借金が、世界経済の363％という、途方もない規模にまで膨れ上がっているのだ（日本経済新聞／2023年9月20日）。

そもそも、金融は経済の血液であり経済活動の潤滑油である。ということは、金融なんてものは、その時々の経済規模に対し、適正な水準があるはず。

なのに、世界の総債務つまり金融の規模が、世界経済の363％なんて異常もいいところ。

先に下落時の下値のメドがたたないと書いた。極端な話をすると、世界経済ひとつ分ぐらいの規模で売りが出てもおかしくないのだ。

それが、マネタリズムと金融緩和経済の不都合な帰結である。

21

どれもこれも、とんでもなく売られるぞ

マネーさえ大量に供給すればで、延々とやってきた世界経済だが、それほどの経済成長にはつながっていない。それは否定しようがない。

ほんの一部の層が金融所得を著増させて、富の集中が極端にまで進んだ。一方で、先進国をはじめ世界中で、多くの人々の低所得化が深刻な社会問題となっている。

たしかにマネーの大量供給で、金融マーケットはすさまじく巨大化した。株式市場や債券市場のみならず、さまざまな金融取引で膨大な買い残高を積み上げていった。

とりわけ、リーマン・ショック後のゼロ金利やマイナス金利の下で、買い残高の膨れ上がりが一気に加速した。

しかしながら、この15年間に積み増しされた買い残高や、契約された膨大な金融取引だ。どれもこれも、金利上昇に弱い。

米国でいえば、２０２２年３月から金利引き上げ政策にシフトした。それで、いまや短期金利が５・25％で、長期金利は16年ぶりという５％台をつけてきた。

１年半前までは、ゼロ金利を良しとして買い上げてきた株式や債券はもちろん、あらゆる金融取引の環境は一変し、金利上昇という逆風にさらされているのだ。
金利がゼロ同然だった頃にフェアバリュー（妥当な価値水準）とされた価格体系が、崩れ去った。いまや、長期金利が4％台にまで引き上がってしまった現実を踏まえての、フェアバリュー水準に立ち向かわなければならないわけだ。

マネーというものは、より儲かる方へ、より利回りが高い方へと飛び移っていく。それがマネーの本性であり、経済の常識である。

ということは、ゼロ金利時代に買い上げられた株式や債券はもちろん、あらゆる金融取引は現在のフェアバリューからみて高過ぎる。すなわち、長期金利で4％台、短期金利で5・25％をフェアバリューとされる水準まで売られることになる。

そうなのだ、ゼロ金利時代に契約された金融商品は、どれもこれも引き上げられた利回り水準に向かって、乗り換え売りが殺到するのは避けようがない。

これらが、金融マーケット全般が大きく売られるぞと指摘する論拠である。

22

巨額の富が蒸発する

株式市場や債券市場が暴落すると、それだけ投下資産の時価総額が急減することになる。株価や債券価格などが大きく下がった分だけ、「その寸前までは、あるはずだった価値」が、蒸発してしまうのだ。

この蒸発を「資産デフレ」という。

個人投資家なら、「しまった、大きく上がったところで売っておけば良かった。儲けそこなった」と悔やむだけ。

あるいは、「儲かると思って高値を買い上がって、大損した」と嘆くことに。

それが機関投資家ともなると、運用資金を預けてくれている投資家顧客に対する責任がついてまわる。

株式市場などの暴落で、投資元本を大きく減らしてしまった。なんとかして資産価値の蒸発分を挽回したい。

といっても、いまや株価や債券価格は大きく下がってしまっている。なんとかしたいが、どうにもならない。かくして、運用成績の大幅悪化を投資家顧客に報告することになる。

年金などの運用で大きな投資損失が明るみに出るや、深刻な社会問題にもなりかねない。年金給付額の減額につながったり、さまざまな年金不安が広がるのだから。

2008年9月に発生したリーマン・ショック時、先進国政府や中央銀行が空前の資金供給やゼロ金利政策でもって、金融マーケットの崩壊を必死に防いだ。

その表向きの理由は「銀行は、大き過ぎて潰せない」だった。しかし、一部でささやかれていたのは、「このままマーケットの暴落が続くと、年金パニックにつながりかねない」だった。

リーマン・ショック前の金融バブルで、年金運用の現場では証券化商品を大量に購入していた。とにかく利回り収入が欲しい世界の金融機関や年金をはじめ機関投資家は、皆競って次々と開発された証券化商品に買い群がっていたわけだ。

高度な数式や金融工学を駆使して99・9996％の確率で安全な金融商品に仕立てられていたはずの証券化商品だった。

ところが、リーマン・ショックで「あり得ない」はずの0・0004％のリスクが発生してしまったのだ。それで、皆が大騒ぎとなった。

証券化商品は大手投資銀行などが、いろいろな投資対象を複雑に組み合わせて、金利を付加させたもの。金融マーケットが大崩れに入るや、その複雑な組み合わせが足元からガタガタになってしまう。

証券化商品のベースとなった投資対象が、どれもこれも価格が下がってしまっている。どの証券化商品も複雑に組み合わさっていて、ほぐそうにもほぐしようがないいま、価格だけは値段のつかない棒下げをしている。

年金などの運用サイドでは、金融工学など計算上の産物に過ぎない証券化商品を、大量に抱え込んでいた。それが、いまや売るに売れなくなってしまったのだ。

この状態を放置してはおけない。とはいえ、証券商品を損失処理したら年金運用などに大きな穴が開いてしまう。それは絶対にマズイ。となると時間をかけて証券化商品の投資損失を処理していくしかない。

そんな背景もあって、先進各国や中央銀行はリーマン・ショックの暴落を、あらゆる手を打って食い止めたわけだ。

23

金融機関はダブルパンチを食らう

これが金融機関となると、さらに危機的である。金融マーケットが暴落すると、強烈なダブルパンチを食らってしまうのだ。

ひとつめは、企業など資金を融資していた先が、大きな投資損を被ってしまった。融資していた資金が無事に回収されれば良し。

回収できないとなれば、融資勘定が不良債権化してしまう。不良債権が積み上がると、貸倒引当金を計上しなければならず、その分だけ利益を圧迫する。

それでも足らないとなれば損失計上となり、自己資本の毀損となる。その先では債務超過が待っている。

もちろん、金融機関自身の投資勘定も大きく傷む。これが、ふたつめのパンチである。

自己勘定投資で保有している株式や債券の含み益が吹っ飛ぶだけでなく、一転して大きな含み損を抱え込むことになる。その含み損に対しては、期末決算で巨額の引当金を積むことになる。

銀行などでみると、事業の過半が融資ビジネスである。事業融資や住宅ローン融資といったものだ。

金融バブルが進んでいる間は、企業など資金の借り手は好調なビジネス展開を背景に、もっともっとお金を貸してくれとなる。また、バブル高で保有している土地や有価証券などの資産価値も上がっていて、担保力も増している。

それで、銀行の審査基準も甘くなる。かくして、金融緩和時などでは銀行の融資残高は大きく膨れ上がる。

銀行の方も、ゼロ金利などで金利収入を稼げなくなっている。それで、なんとか融資残高を増やしたい。とにかく借りてくれと、企業などに積極的な営業攻勢をかける。

その結果、バブル時には銀行の融資残高は大きく膨れ上がってしまう。ましてや、リーマン・ショック後は空前の資金供給とゼロ金利下とで、銀行の融資残高は大きく膨んだ。

巨大な融資残を抱えたままバブル崩壊を迎えると、その先は地獄である。融資先の企業では、軒並み経営不振や資産デフレに追い込まれ、一気に借入資金の返済に窮する事態となる。

銀行からすると、貸した資金は回収しなければならない。といっても、貸出先の企業が経営不振に陥ると、融資した資金の回収は難しくなる。

その状態が続くと、銀行としては不良債権として経理処理せざるを得ない。その分だけ貸倒引当金を積まねばならず、銀行の収益を圧迫して財務状況も大きく悪化させる。

資産デフレの恐ろしさ

24

株式や債券をはじめ金融マーケットが暴落すると、資産デフレという経済現象に叩き落とされる。

資産デフレは経済全体に大きな影を落とし、深刻な社会問題を引き起こす。どういうことか？

金融マーケットが暴落すると、経済全体で巨額の資産勘定が蒸発する。一方、負債勘定はまるまる残る。そして、その返済義務の重みに、機関投資家や企業そして金融機関がのたうちまわることになる。

そのあたりを図式化したのが**図表4**である。蒸発してしまった資産勘定に対し、まるまる残った負債勘定をどう穴埋めしていくか。これは、とんでもなく重い課題である。

なにしろ、金融マーケットの暴落で、それこそ瞬時に蒸発してしまう富の額が半端ではない。

高値まで買い上げてきた株価や債券価格その他の金融商品の価格が大きく下がった。

【図表4】**資産デフレの恐ろしさ**

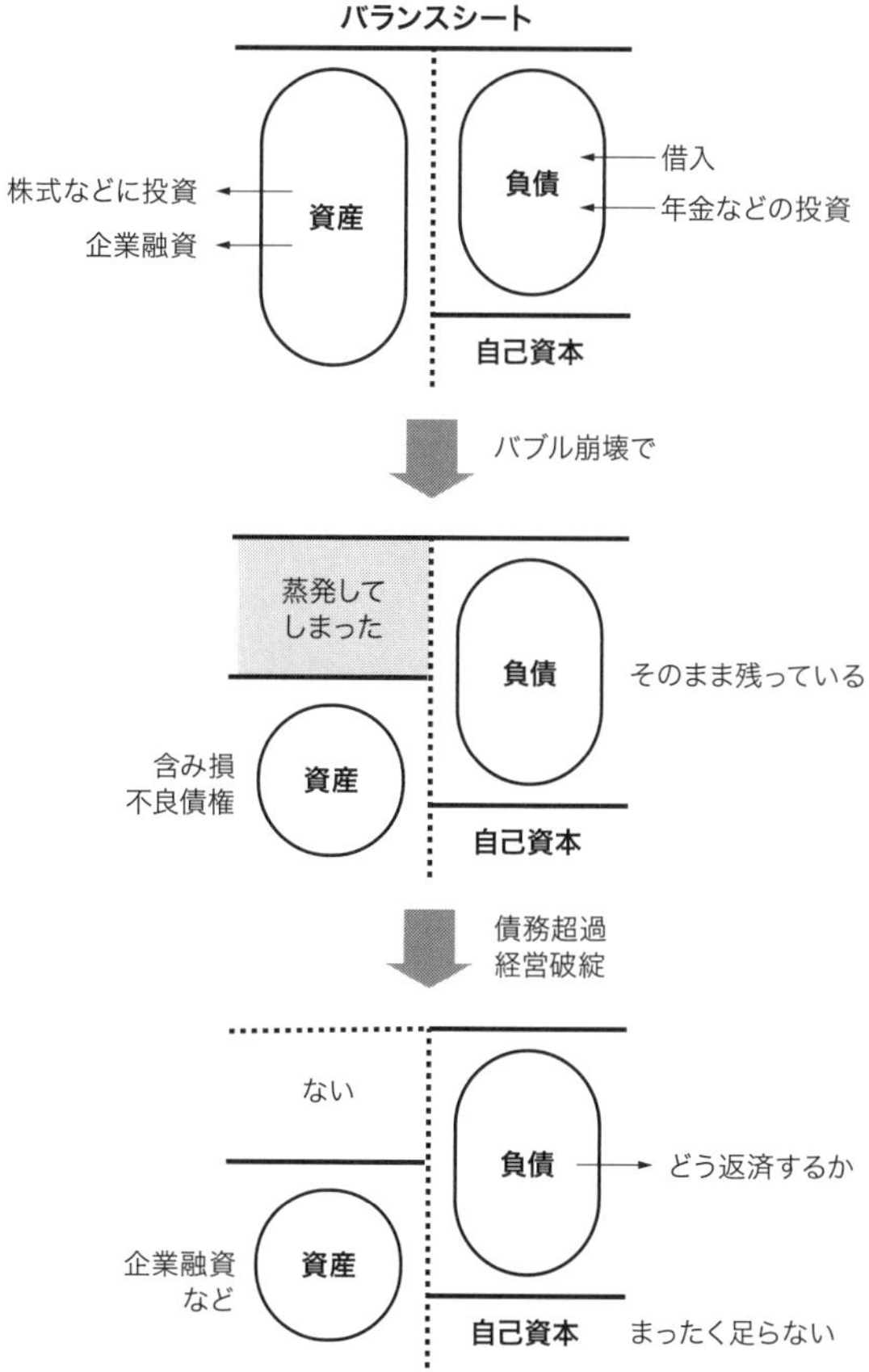

その結果、保有資産の時価総額が急激に収縮してしまう。

それに対し、資金の調達元である負債勘定はそのまま残っている。そのギャップを、大幅に減ってしまった資産勘定でもってカバーしなければならないわけだ。

これが、資産デフレというものの恐ろしさである。金融マーケットの暴落で発生する富の減少つまり資産デフレ額が、経済全体ではとんでもない金額となるのだ。


日本のバブル崩壊でみてみよう。

1980年代後半の土地や株式投機のバブルが、90年代に入って崩壊した。地価や株価の大幅下落で、1160兆円から1200兆円の資産減少が発生したと、各研究機関が発表している。なんと、日本経済の2・2倍から3倍もの富の蒸発だ。

この資産デフレをなんとか穴埋めしようと、国は1992年9月の総合経済対策を皮切りに、総額で600兆円に近い経済対策予算を計上してきた。

また、1995年5月からは超低金利政策、そして1999年からはゼロ金利政策を導入した。日銀統計による個人の預貯金勘定から算出すると、やはり600兆円を超す利子収入を家計から奪ってきたことになる。
つまり、こういうことだ。通常の金利水準なら得られる3％とか4％の利子水準を、ゼロ同然にまで引き下げた。
その結果、本来なら預貯金で得られていたはずの、家計にとっては得べかりし利子収入額が、この30年間で600兆円を超すことになったわけだ。

以上を合計すると、1200兆円を超す穴埋めだ。

最近になって、日本はようやくデフレ現象を脱出したといわれる。なんのことはない、日本はバブル崩壊による資産デフレの穴埋めを、延々とやってきたわけだ。
そう、失われた30年とかいわれてきた日本のデフレ現象の正体は、80年代後半の土地や株式投機バブルの崩壊による資産デフレなのだ。

これが資産デフレの恐ろしさである。

25

すさまじい信用収縮

資産デフレの先には、とんでもない信用収縮が待ち構えている。図表4（113ページ）でも示したように、バブル崩壊で巨額の資産価値が蒸発してしまう。

ところが、投資していた資金の出し手である企業や機関投資家そして年金などにとっては、投下していた資金の大部分が消えてなくなる。その消えた部分、つまり蒸発した資産勘定がすべて自分のところの投資損失として跳ね返ってくる。

それで、投下してきた資金の損失を穴埋めしようと、持っている資産の売却をはじめる。バブル崩壊で大きな投資損失を食らった企業や金融機関、そして年金など機関投資家の皆が、売れるものはなんでも売って現金を手にしようとするわけだ。

皆が皆、持っている資産を売却して現金化を急げば、売り物はどんどん増えていく。暴落相場の渦中で、なにがなんでもの現金化売りが集中すれば、暴落相場はさらにひどくなる。

この悪循環を繰り返しているうちに、マーケットや経済の現場での資金はどんどん枯渇していく。それは、すなわち信用収縮を意味する。

そうなのだ、資産デフレの先にはとんでもない信用収縮が待ち構えているのだ。いまのカネ余りがウソだったみたいに、経済の現場のみならず、社会全般に資金不足の状態に陥っていくのだ。

これが、バブル崩壊の後に必ず発生する経済現象である。恐ろしいまでの信用収縮が、さらなる暴落を誘う悪循環ともなっていく。同時に、市中での資金不足は金利上昇につながっていく。

そういった資金不足をなんとかしようと、リーマン・ショック後は先進国中心に史上空前の資金供給を実施したわけだ。

しかし、これからはじまる金融緩和バブル崩壊では、リーマン・ショック時と同じ政策は打てない。

先進各国の借金は著増しているし、各国中央銀行も財務を大きく肥大化させたままだ。そして、なによりも世界的なインフレ圧力で金利は上昇してきている。

そんな状況下での資金不足だ。金利は跳ね上がらざるを得ないだろう。

そういった悪条件が折り重なることもあって、今般のバブル崩壊では悲惨なことになる。そう本書では指摘しておこう。

第4章

どこから崩れだしてもおかしくない

26

世界のマーケットは、ドミノ現象で崩れ落ちていく

秋が深まっていくと、熟した柿が自然と枝から離れて、ボタボタと落ちていく。そこへ強風が吹いたりしたら、熟柿は一斉に落ちる。

世界の金融マーケットをみるに、もういつ崩れに入ってもおかしくない。自然と落ちはじめるのか、強風が吹いてドサッと落ちるのか。

どちらにしても、熟しきった金融マーケットだ。そのあちこちで、まるでドミノ倒しのように大崩れをはじめ、崩れが横へ連鎖していくのだろう。

世界の金融マーケットは、40年越しの過剰流動性に、年金買いが乗っかって、ずっと上昇トレンドを続けてきた。そこへ、リーマン・ショック後のゼロ金利政策が加わったからたまらない。

空前のカネ余り上昇相場が出現した。この40年間のすさまじい上昇相場と金融バブルを図式化したのが、**図表5**である。

世界のマーケットは、リーマン・ショックで崩れかかった。だが、ゼロ金利政策などに支えられて今日に至っている。

それに対し、世界的なインフレ圧力と、2022年3月からは金利上昇という刃が突き刺さってきている。異常にマネー膨れした金融マーケットと、金融主導の張りボテ経済に対する実体経済からの刃だ。

マネーを大量に供給すれば経済は成長するというのが、先にも述べたマネタリズム理論である。

1970年代からノーベル経済学賞学者であるフリードマン教授らが唱えはじめたマネタリズムの考え方は、先進国を中心に世界へ浸透していった。

その成果といえば、金融マーケットが爆発的な拡大を遂げたこと。そして、金融所得をベースとして一部の人々へ異常なまでの富の集中が進んだだけである。

一方、どこの国をみても、いわれるほどに経済は成長していない。それどころか、多数国民の低所得化がどんどん深刻化してきている。

また、デジタル社会とかＡＩ化といった新しい波に乗れない人々が、社会から取り

【図表5】**金融バブルの生成と爆発的な拡大**

■石油ショックからの過剰流動性が今日まで続いている
■年金運用の本格化と評価益の拡大
■運用を求める資金がヘッジファンドやジャンク債などへのニーズを高めた
■元の資金が現金やら運用益、それに信用供与やバーチャルマネー、さらにはレバレッジが乗っかって金融取引は天空を舞っている

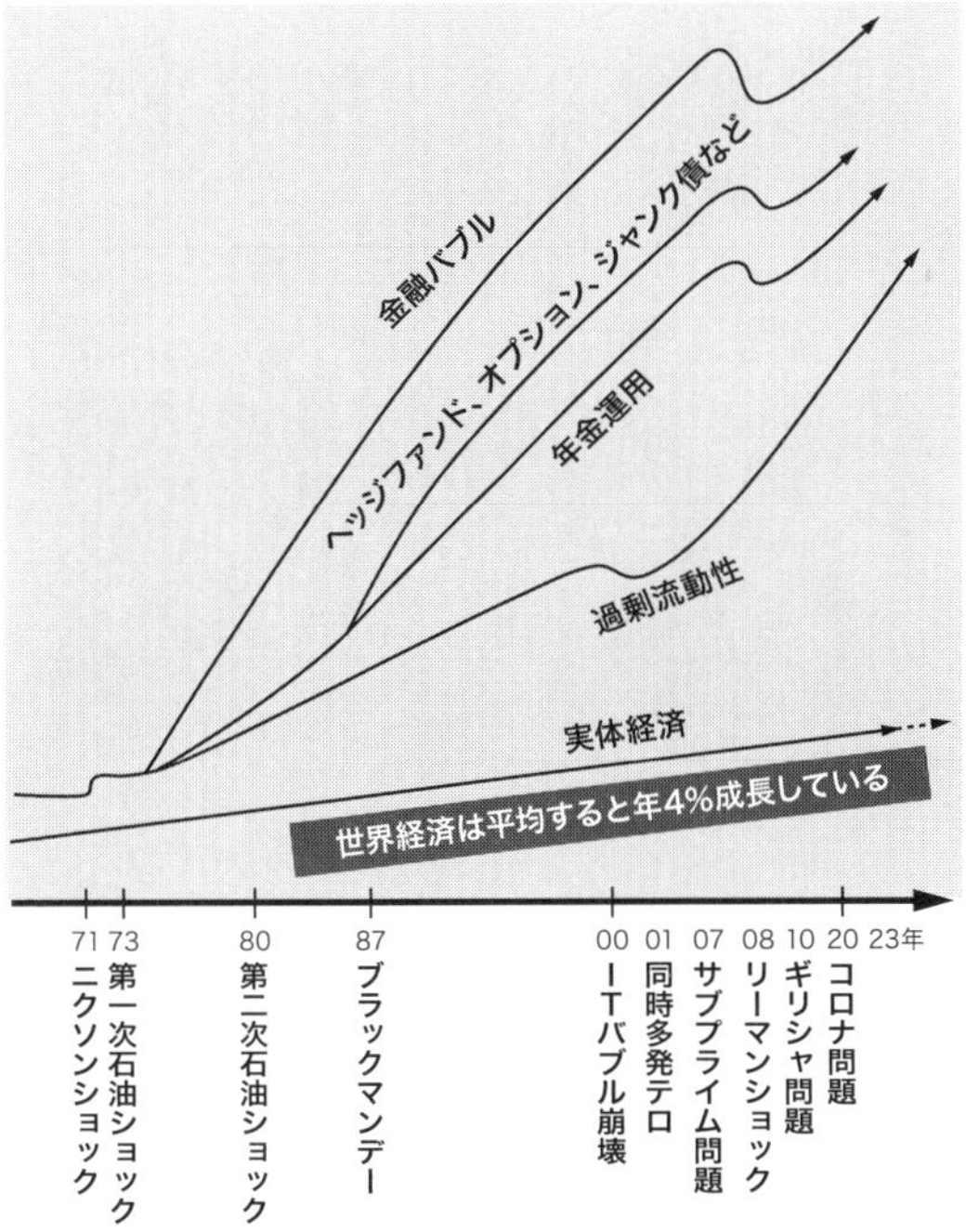

残される現象も顕著となっている。

世界で進められてきたグローバル経済化も、先進国などでは世界からの低価格品輸入によって、低インフレを享受してこれた。その反面、新興国や途上国においては富の収奪が進んだ。

そういった負の側面が、ここへきて噴き出してきた。現に、世界全体をみわたすと、新興国や途上国で多くの人々が貧困化による生活苦にあえいでいる。

それが民族や部族の対立、あるいは資源の囲い込みなど、地政学リスクを高めてきている。


このように、世界中あちこちで、いろいろな問題が噴き出してきている。それらがいつどんな形で強風となって、世界の金融マーケットを崩しにかかるのか、まさに神のみぞ知るところである。

これら以外にも金融マーケットの崩れを誘うであろう問題は、いくらでもあげられる。それらを個別にみていこう。

バブルの後始末に追われて、失われた30年

27

日本では1990年代に入って土地や株式投機のバブルが崩壊した。第3章でも書いたように、バブル崩壊で生じた資産デフレは、日本経済の2・2倍から3倍にもなった。

各経済研究機関によって推計額は違うが、とんでもない金額の富が蒸発したわけである。蒸発したのはマーケットで運用をしていた資産勘定の大きな部分だが、その運用資金の出し手は預金や年金マネーをはじめ機関投資家である。

日本経済の2・2倍から3倍もの資産価値の蒸発で、その資金を預かって運用していたところも、元の資金を出していた方も身動きがとれなくなった。これは大変なことになったと、金融マーケットを超えて、経済や社会全体を大きく揺るがした。

そこで、政府は1992年9月から巨額の予算投入を連発した。不良債権問題に苦しんでいる銀行を救済したり、バブルに踊り狂った企業ではあるが、倒産したりして大量の失業者を発生させないようにということで。

いまでは信じられないかもしれないが、日本は90年代のはじめまでは世界有数の健全財政を誇っていた。

それが、バブル崩壊後の相次ぐ巨額予算投入で、日本の財政は一気に悪化の道を転げ落ちていった。そして、いまや国の借金はGDP比で260%超と、先進国で最悪となっている。

一方、日銀はというと1995年5月からは超低金利政策を打ちだし、1999年2月にはゼロ金利を導入した。2016年1月からは、ついにマイナス金利に突入した。

超低金利そしてゼロ金利政策は、資産デフレ対策や景気浮揚のためが表向きの理由であった。その実、個人や家計が得るであろう利子所得をゼロ同然にまで減らし、家計から奪った利子所得資金を銀行や企業の救済に向けさせる意図があった。

それはともかく、国も日銀も資産デフレ対策に追いまくられた。その結果は、どうだったのか？

日本経済のデフレ現象は30年あまりも続き、その間に日本企業の国際競争力はずいぶんと落ちた。その横で国の借金は著増した。

巨額の対策予算投入をし続けたため、財政赤字がずっと続いた。それを、日銀は事実上の財政ファイナンスといわれる金融機関からの国債の購入でもって、国の財政運営をずっと下支えしてきた。

それでも、当初いわれていた「失われた10年」が、20年そして30年となっていった。バブル崩壊に対処しようとする後ろ向きの資金投入を続けた結果、日本経済はズルズルと弱体化していったわけだ。

28
日銀の財務は異常に膨張してきた

とりわけ、黒田東彦《はるひこ》日銀前総裁の任期中に国債購入は一気に増加した。その結果、日銀の国債保有残高は黒田総裁の就任前は93兆円超だったものが、２０２３年11月30日には５９７兆円超へと、とてつもなく増加した。

日銀の国債保有は、２０２３年3月末時点で国債の総発行残高の53・34％にまで上昇してきている。いくら国債保有は満期償還でゼロになるから問題はないとはいえ、日銀が日本国債の過半を保有するなど尋常ではない。

日銀の国債購入の大半は金融機関から買い付けている。その購入代金は現金で支払わず、日銀の当座預金として預かっているのだ。

これまではゼロ同然の金利だったが、これから日本の金利が上がっていくと、１％の金利上昇で5兆円強もの利払い負担が発生することになる。さあ、どうするのだろう？

異常なまでの日銀の財務膨張ぶりは、**図表6**をみてもらいたい。これは日本経済

【図表6】**日銀の財務の膨張ぶり**

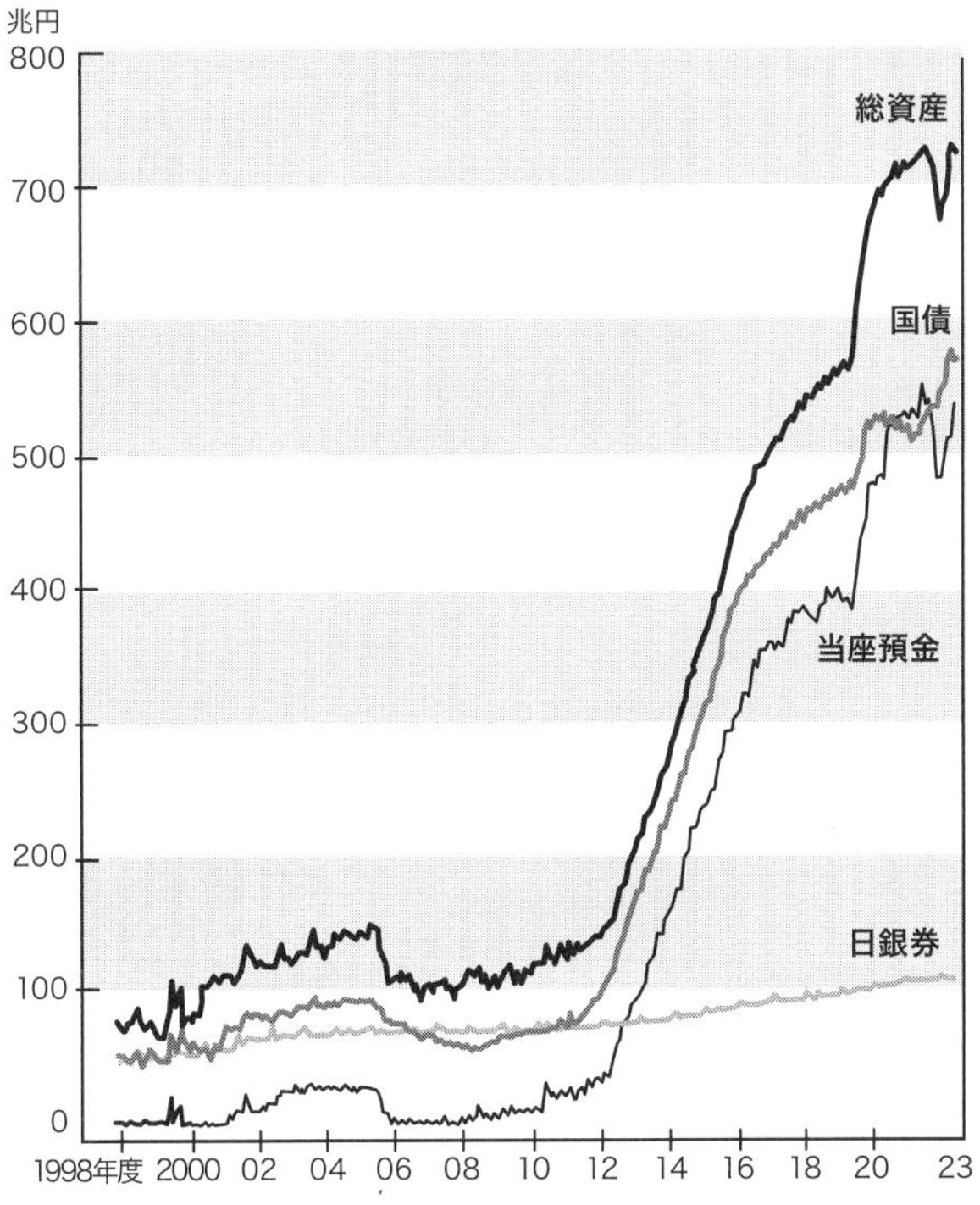

［出所］日本銀行
（日本経済新聞／2023年5月18日）

新聞（2023年5月18日）のAnalysis欄に載った図表である。

日銀の財務つまり総資産の急膨張ぶりは、すさまじいの一言。さらに注目したいのが、国債保有額の著増ぶりである。巨額の財政赤字が続いている国家財政を、日銀は事実上の財政ファイナンスで賄ってきたわけだ。どういうことか？

そもそも、日銀が新規発行される国債を直接引き受けるのは、法律で禁じられている。とはいえ、中央銀行は通貨を発行することができる。つまり、紙幣はいくらでも刷れるわけだ。

その特権を濫用すれば、つまり国は中央銀行に買わせることで、国債は無制限に発行できる。すなわち、放漫財政に歯止めがかからなくなる。そして、紙幣の大量発行でインフレを招いてしまう。

それはマズイということで、新規に発行される国債の直接引き受けは法律で禁じられているのだ。

それならばということで、日銀は新発国債を引き受けた金融機関から発行直後に国債を買い入れている。その方法で、国の国債大量発行を下支えしてきたわけだ。これが、事実上の財政ファイナンスだ。

具体的には、金融機関から新発国債を買い入れる。買い入れるとはいうものの、日銀はその代金を現金で支払うのではなく、日銀当座預金として積ませている。それが、図表6に示した当座預金の著増である。

日銀が事実上の財政ファイナンスを受け入れてくれた。結果として、国は野放図に財政を膨らませては国債を増発してきた。

そういった放漫財政を支えてきたのが、日銀による金融機関からの無制限の国債買い取りであった。

29

株式ETFの保有など愚策の最たるもの

また、中央銀行としてはあるまじき政策とされる、株式投資にも日銀は大胆に手を染めてきた。

国債なら満期まで持っていれば確実に償還されるので、いま保有している国債は、いずれゼロになっていく。したがって国債の保有残高がいくら大きくなっても、さほど問題視されない。

それが故に、各国の中央銀行も国債買い入れでもって市中に資金を供給するオペレーションを多用しているわけだ。米FRBやヨーロッパ中央銀行も、リーマン・ショック後は市中から国債の無制限買い取り政策を続けてきた。

ところが株式の保有となると、やっかいな問題が残る。株式保有は国債と違って満期債還がない。

つまり、株式をひとたび保有してしまうと、売却しない限り日銀の財務から消えてなくならない。なのに、日銀は株式ETF（上場投資信託）を37兆円も買い込んできて、日本最大の株主に躍り出たのだ。

いまや日本最大の株主となった日銀だ。ほんのちょっとでも、保有している株式ETFを売ろうとするや、株式市場の大暴落は必至である。

つまり、日銀は売るに売れない株式ETFを大量に保有してしまっているのだ。さあ、どうするのだろう？

日銀は株式ETFの大量保有でもって、毎年1200億円（税引後）ほどの配当金収入を得ている。また、株高で25兆円を超す含み益を持つに至っている。そう言って、関係者らは株式ETF保有を正当化している。

冗談ではない。いまは株価全般が高値圏を維持しているから、そう言えるだけのこと。金融緩和バブルが崩壊すれば、含み益どころか巨額の含み損に一転する。

その時には配当金収入など、なんの足しにもならない。

30

世界の債務残高も大きく膨れ上がっている

国際金融協会によると、世界の債務は２０２３年の６月に３０７兆ドルと過去最高額を更新した（日本経済新聞／２０２３年９月20日）。

世界の国々の家計や企業、金融機関、政府が抱える債務残高の合計が日本円で４・６京円にもなっているわけだ（１ドル＝１５０円換算）。

それは、世界経済つまり世界のＧＤＰに対して、なんと３６３％にもなる巨額の借金なのだ。２０２２年12月時点での３３４％から、さらに上昇している。

恐ろしいのは、２０１１年12月には世界ＧＤＰの２５０％前後だった債務残高が、この12年間で世界経済ひとつ分も膨れ上がっていることだ。この増加分は、とりも直さず、リーマン・ショック以来15年続いたゼロ金利やマイナス金利政策の産物である。

膨れ上がった債務残高の中には、多種多様な金融派生商品（デリバティブ）やスワップ取引勘定なども含まれている。

これらは、金融機関や年金などの、なんとか利回り収入を確保したいとする願望にこたえようとして生み出されたものだ。

また、リーマン・ショック後15年間の低金利・低インフレを背景にして、投資におけるリスク意識が、どんどん薄れていった。

その流れで、過大にレバレッジをかけることも常態化してきた。かりに、1・3%でしかまわらない投資案件でも、4〜5倍のレバレッジをかければ、5・2%とか6・5%ほどでまわることになる。

こうしてゼロ金利下でも、そこそこの利回り収入が得られるというわけだ。

31

ノンバンクの過剰な
リスクテイク

そういったリスクの高い取引を支えてきたプレーヤーたちが世界の金融マーケットで大暴れしている。その中でも、ノンバンクというか、シャドーバンク（影の銀行）の存在が大きい。

シャドーバンクとは、銀行などのように厳格な金融規制が課されていない資金の出し手のことをいう。その背後には、世界の投資信託やヘッジファンドそして年金基金などが控えている。彼らは運用の一環として、ノンバンクへ資金を出している。

その一例として、ヨーロッパのシャドーバンクの資産額の膨張ぶりを示した。それが、**図表7**だが、2000年に入ってからの急膨張ぶりに驚かされる（日本経済新聞／2023年1月30日）。

投資信託や年金基金の運用現場では、すこしでも高い運用利回りを出すことが常に求められる。ところが、ゼロ金利下やマイナス金利下においては、利回り収入などほとんど望めない。

そこで、シャドーバンクともいわれるノンバンクなどに資金を投入して利回りを稼いでもらおうとする。世界中で大暴れしているヘッジファンドや投資ファンドなどが、ノンバンクの代表である。

つまり、彼らをしてデリバティブ取引やスワップ取引に走らせる。そこで高いレバレッジをかけるわけだ。

そういったものが全部、世界の総債務に上乗せされてきている。つまり、世界経済の3・6倍にも達する総債務の中には、金融マーケットを通さない相対取引のスワップや高レバレッジの投資勘定も、たっぷりと入り込んでいるのだ。

それらのどれもが、ちょっとでも金融マーケットが変調に陥るや、たちまちガタ崩れとなっていく。それも、横に連鎖して崩れていくだろうが、もう止めようもない。

EUの金融安定理事会（FSB）によると、ヨーロッパのシャドーバンクの金融資産額は、2021年に75兆ドルとヨーロッパのGDPの4倍強とのこと。この10年でシャドーバンクの資産額は1・7倍に拡大し、銀行の56・3兆ドルを30％強も上まわる。

【図表7】**シャドーバンクの存在感が高まっている**

■銀行のように厳格な金融規制を受けない資金の出し手
■投資信託やヘッジファンド、年金などの資金が支えている

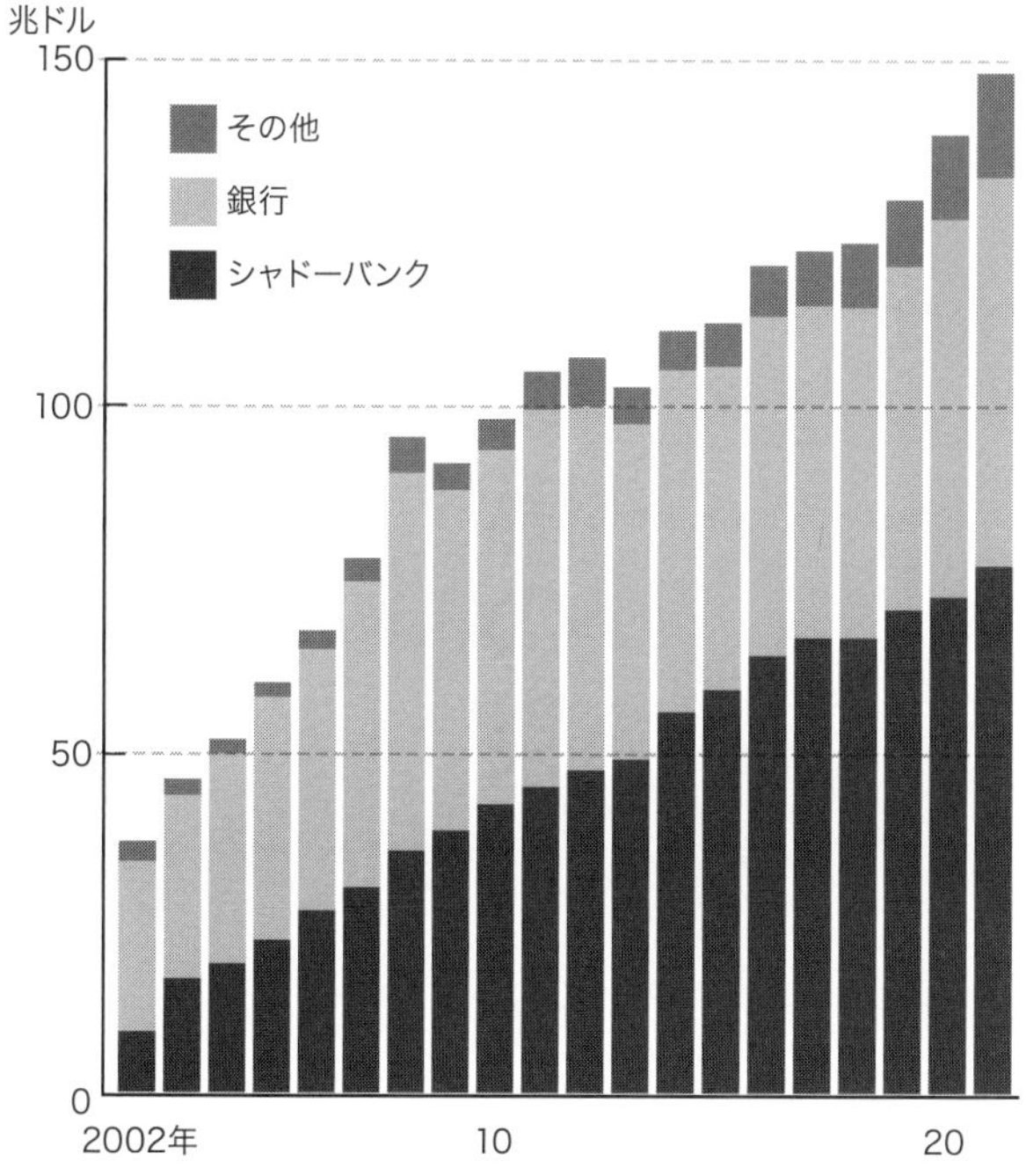

［出所］FSB（金融安定理事会）
（日本経済新聞／2023年1月30日）

デリバティブ取引やスワップ取引などは、金融機関や機関投資家同士の相対取引が主流である。金融マーケット全般が順調に拡大している間は、リスクヘッジなど保険としての機能も、レバレッジをかける機能も、想定通りに働いてくれる。

ところが、リーマン・ショックのようなマーケット暴落時には、想定していた機能が瞬時に吹き飛んでしまう。つまり、相対取引の相手側が経営破たんしたりで、契約不履行が多発する。

そうなると、リスクヘッジとかレバレッジとかの機能が、すべて宙に浮いてしまう。その結果、マーケット参加者の間で損失額が確定できず、売りも買いもできない状態に叩き落される。

マーケットはまったく機能しなくなるどころか、混沌のドロ沼に落ちていく。

32

ノンバンクが世界の火薬庫に

銀行に比べて金融規制や監督体制が緩いノンバンクが、今後の世界経済や金融マーケットにおける火種となる懸念が、じわじわと大きくなっている。

金融安定理事会によると、それらノンバンクの金融資産は2021年に239兆ドルとなり、2007年からは2・4倍に増えているとのこと（日本経済新聞／2023年9月16日）。

かつては銀行の資産と同程度の資産規模だったが、いまやノンバンクの資産は銀行を大きく上まわっているわけだ（**図表8**参照）。

問題は、銀行に比べてほとんど規制がない分、相当に荒っぽい投資をしている可能性を否定できないことだ。荒っぽい？　つまり、リスク感覚の薄い資金運用をしている可能性だ。その上、どんな投資運用をしているかの内容が、まったく不透明なのだ。

ゼロ金利と史上空前のカネ余りとで、世界の金融マーケットは空前の上昇相場を演じてきた。その中には、オプション取引やデリバティブ取引などもフル活用されてき

【図表8】**ノンバンクは急膨張している**

■銀行などの金融規制がかからないノンバンクは、
金融バブル崩壊で巨大な火薬庫に

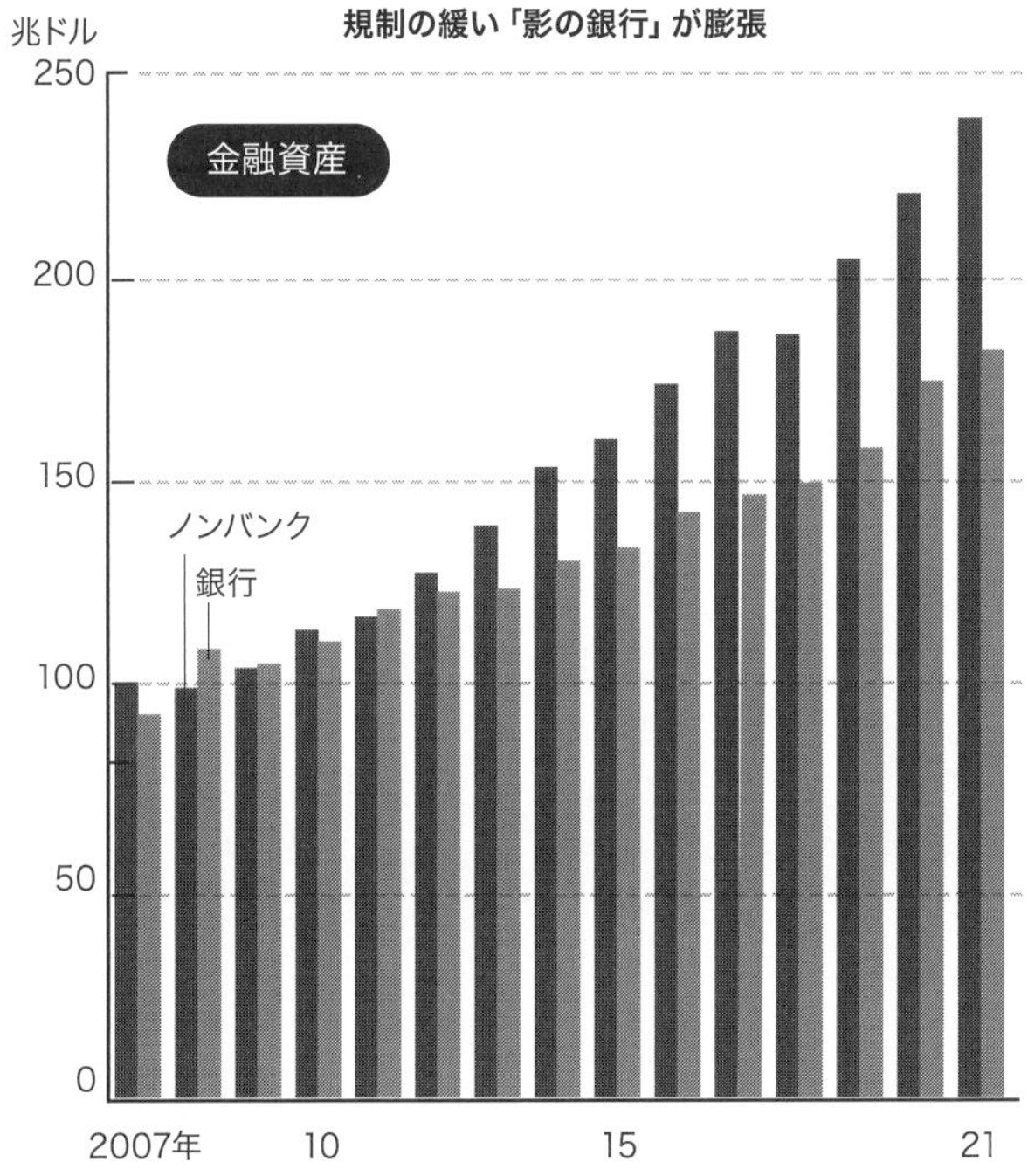

［出所］FSB（金融安定理事会）
（日本経済新聞／2023年9月16日）

た。あるいは、ファンド勢などが信用力の低い企業への投融資を拡大してきた。ベンチャー投資なども大きく膨んできている。これらのどれもが、ゼロ金利という低コスト下での採算尺度で実行されている。

ところが、いまや金利は上昇してきている。そうなると、金利上昇やコスト上昇に耐えられない金融取引が、いつ破たんをきたしてもおかしくない。

どこか一角が破たんに陥るや、野放図に資金投入を拡大してきたノンバンクを中心に、破たんの連鎖は一気に広がろう。まさに、ドミノ倒しだ。

もう一度、図表8を眺めてもらいたいのが、239兆ドルという巨額の資金だ。それらが一体どんな投資先に向かっていったのか、いつどこが吹っ飛ぶのか、そういった疑心暗鬼となって世界の金融マーケットに激震を走らせよう。

33

世界の企業債務も増え続けてきた

リーマン・ショック後15年間のゼロ金利下で、世界の企業債務も著増してきた。金利はゼロ同然で資金はいくらでも借りられるという、信じられないほどの甘い経営環境がずっと続いた。その産物である。

その中には、ベンチャーなど新興企業のスタートアップを手助けしてきた部分もあろう。一方で、ゼロ金利に甘えたゾンビ企業を大量生産してきたのもある。

まずは、ともあれ**図表9**をみてもらいたい。金融機関、政府セクター、家計、企業いずれも増加してきている。この図表は、1兆ドル（約145兆円）の単位で作成されている。それを勘案とすると、金額のすさまじさには驚いてしまう。

とりわけ企業債務は、リーマン・ショック前からでは90％も膨らんでいる。どれだけ甘っちょろい経営環境が続いたかイメージできよう。

ゼロ同然の金利で資金はいくらでも借りられるといった、ウソのような事業環境が長く続いた。そこで、収益力が低かったり競争力に劣るゾンビ企業を、先進国中心に

【図表9】**増え続けてきた債務残高**

■リーマン・ショック後15年間のゼロ金利政策で、
世界の債務残高は著増してきた

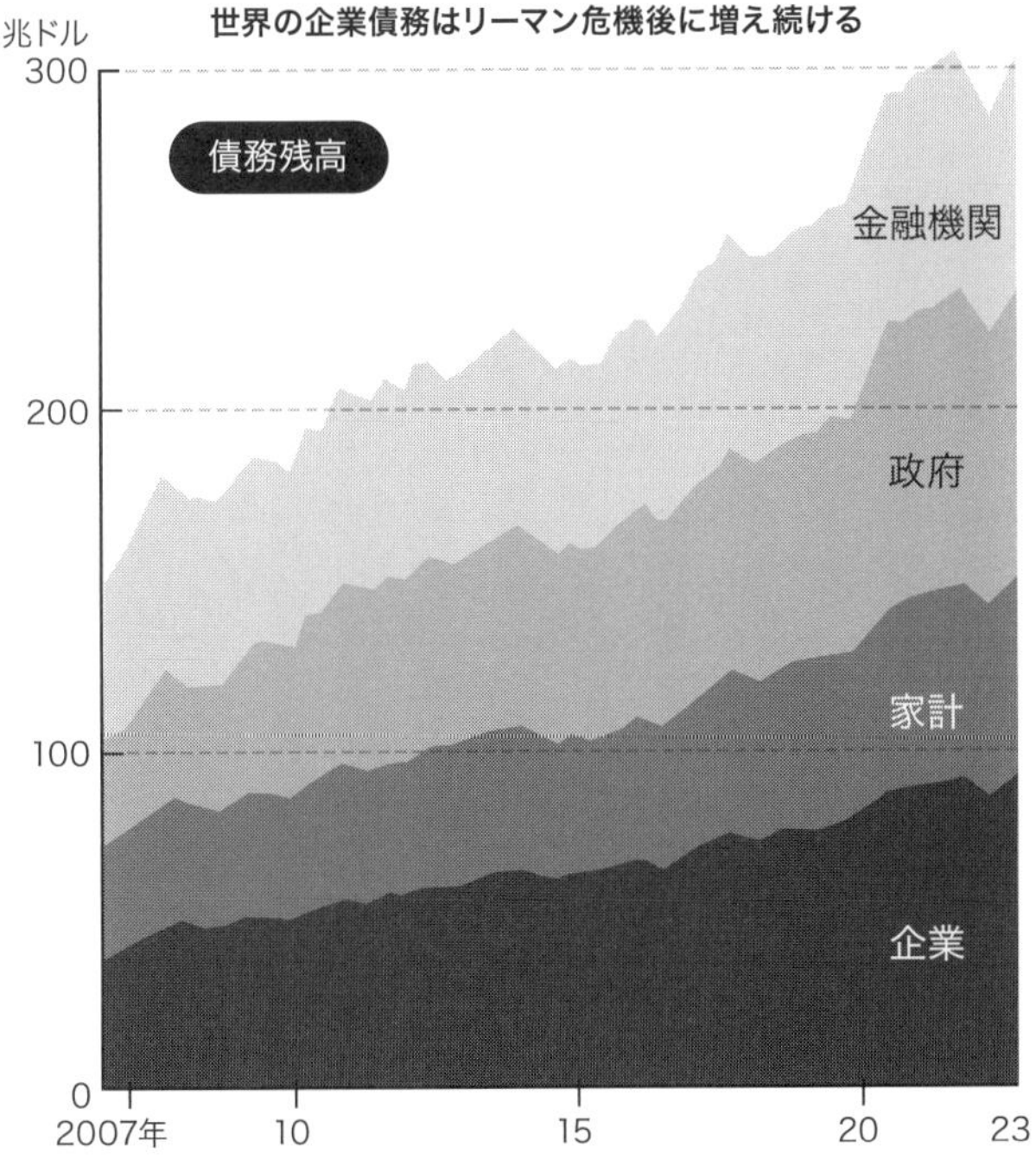

（日本経済新聞／2023年9月16日）

ひたすら大量生産してきたわけだ。

またゼロ金利で、オフィスビルなど商業用不動産市場が大活況となった。多額の資金流入をいいことに、不動産ビジネス関連企業の債務も著増していった。

そういった企業債務だが、世界的なインフレ圧力と、それを抑制しようとする金利上昇で、これから金利負担が重くのしかかってくる。

ちなみに、米国の短期金利は５・25％にまで高まっている。運転資金を借り換えでつないでいくにしても、２０２２年あたりまでの金利水準からみると、４％強の幅で上昇している。

果たして、どれだけ多くの企業が高まってきた金利コストに耐えられるだろうか。おそらく、これから企業倒産が急増しよう。あるいは、格付けの低い企業が発行したジャンク債などのデフォルト（債務不履行）が多発しよう。

個人の住宅ローン破産にも要警戒

34

各国のゼロ金利に乗って、個人の住宅取得熱も高まった。なにしろ、住宅ローン金利が信じられないほど低くなってきたのだ。

日本でいえば、変動金利の住宅ローンだと、年0・5%とかの金利負担だ。固定金利でも年1%台の後半だ。

筆者が住宅を取得した頃の住宅ローン金利は年8〜9%台だった。それと比べるに、もうタダ同然の金利負担に映る。

しかしだ、2022年からの金利上昇で、米国やEUでは住宅ローンの金利水準も高まってきている。

現に、米国の住宅ローン金利は年7%台の後半にまで上昇してきて、一部に住宅不況が報じられている。

日本でも早晩、金利上昇の波が襲ってこよう。通常、住宅ローン金利は、金融マーケットでの金利上昇に半年ぐらい遅れて上昇に転じる。

住宅ローン金利が上昇してくると、大変である。なにしろ、日本では70〜80%の住宅ローンが変動金利で契約しているといわれているのだから。

その人たちには、半年遅れぐらいからどんどん増加してくる金利負担が一気にのしかかってくる。毎月のローン返済額が一挙に増加しだすと、家計への圧迫もきつくなる。

想像したくはないが、住宅ローン破産が多発し、せっかく手に入れたマイホームを泣く泣く手放す人も急増しよう。

住宅ローン破産が多発しだすと、社会不安は高まる。同時に、銀行など金融機関の不良債権の増加にもつながっていく。

35

中国も不安材料に

すこし古いが、国際決済銀行（ＢＩＳ）が中国の債務残高は、２０２２年6月末時点で51兆ドル強で、中国のＧＤＰの３倍と発表した（日本経済新聞／２０２２年12月7日）。

図表10をみてもわかるが、中国の債務残高は、この10数年で著増してきている。いわゆる中国の「隠れ債務」残高は71兆元（約１４００兆円）にまで膨れ上がっているとのこと（読売新聞／２０２３年12月15日）。

中国の隠れ債務だが、資金の出し手は政府基金や「融資プラットフォーム」と呼ばれる投資会社である。

その債務残高71兆元は、中央政府の債務残高の26兆元や地方政府の債務残高35兆元と比べても圧倒的に多い。きわめて危ない火薬庫である。

国際通貨基金（ＩＭＦ）によると、23年の財政赤字幅は３兆８８００億元（約77兆円）で中国政府はＧＤＰの３％に抑える見通しとのこと。さてさて、どのような展開となっ

【図表10】**中国の債務残高が著増している**

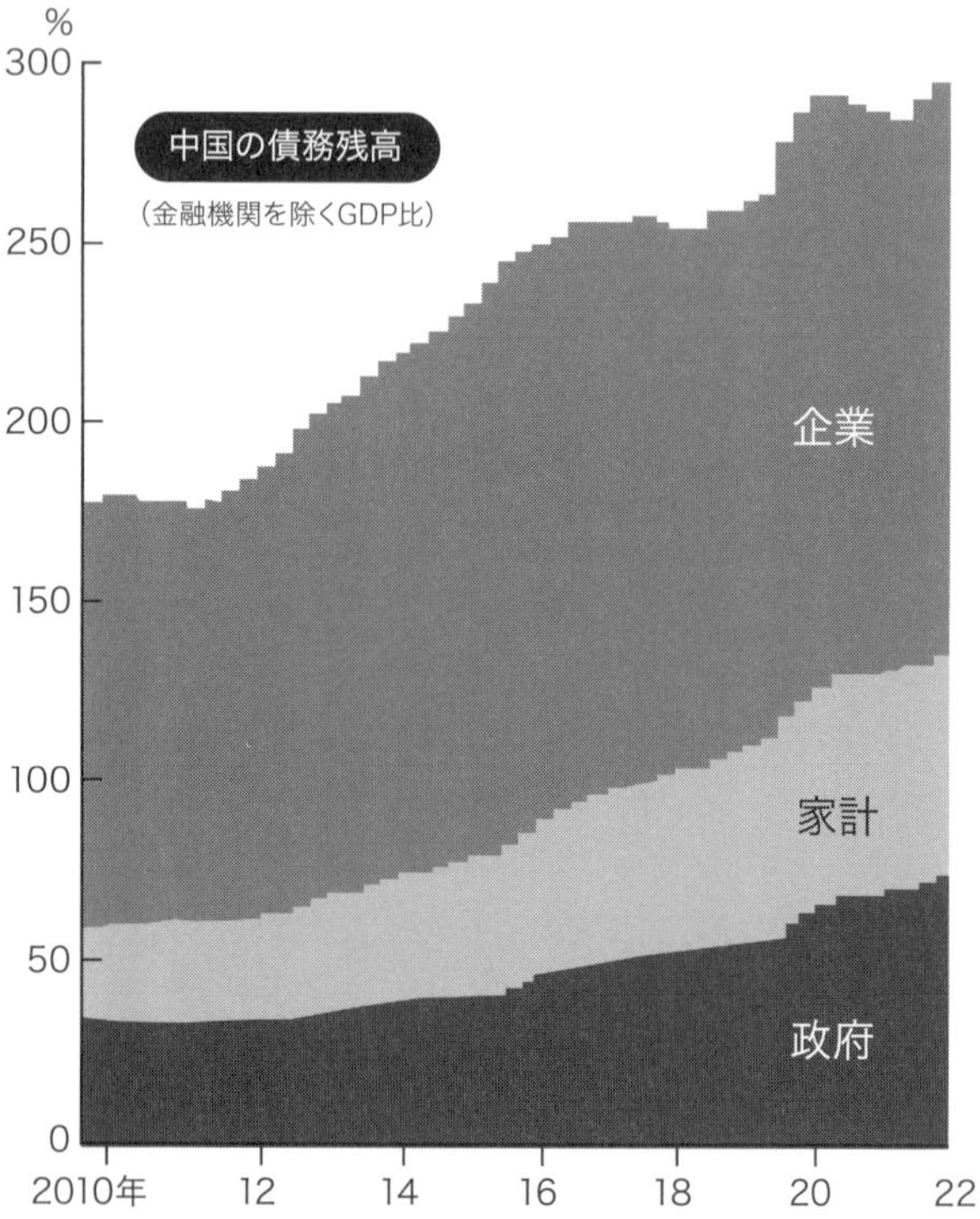

［出所］BIS（国際決済銀行）
（日本経済新聞／2022年12月7日）

ていくのだろう。

そんな中、2023年に入って大手不動産会社の苦境に関する報道が相次いでいる。実際、大手の恒大集団とか中国不動産トップの碧桂園などが、資金繰り難で経営不振に陥っているといった報道が続いている。

それらは氷山の一角ともいわれており、いつどんな経営破たんが飛び出すかしれない状況にある。

中国のGDPにおいて、住宅と不動産が30%近くを占めるといわれている。いってみれば、中国経済の屋台骨である住宅不動産セクターの不振には要警戒だろう。

中国経済の不調ぶりは**図表11**でもはっきりとみてとれる。世界経済にとっても要警戒テーマのひとつとなってきている。

現に、海外からの中国株投資は流出超となっている。海外の投資家からすれば、中国リスクを意識してのことだろう。

【図表11】**中国の不動産不況は長期化している**

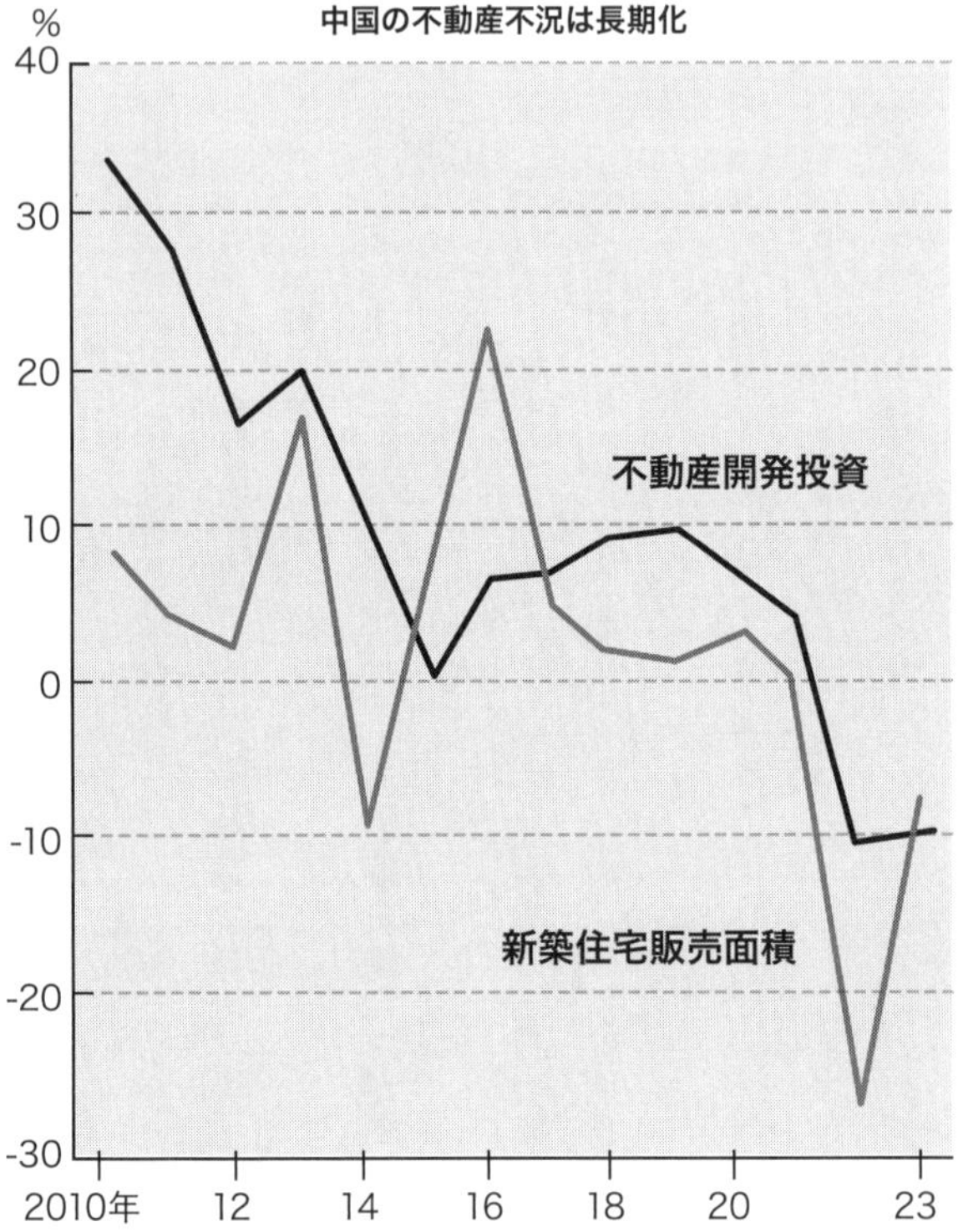

［注］22年まで前年比増減率、23年は1～11月の前年同期比増減率

［出所］中国国家統計局

（日本経済新聞／2023年12月16日）

36

想像を絶する資産デフレがやって来る

40年越しの過剰流動性と、世界最大の運用マネーとなってきた年金による買い増しがずっと続いた。その上に、リーマン・ショック後15年間のゼロ金利と空前の金融緩和で、異常なまでにカネ膨れしてきた金融マーケットであり世界経済だ。

その金融緩和バブルが崩壊すると、想像を絶する資産デフレが世界経済に覆いかぶさってくることになる。


繰り返しになるが、日本のバブル崩壊では、日本のGDPの2・2倍から3倍もの富が蒸発した。今度、世界の金融緩和バブルがはじけたら、一体どのくらいの額となるのだろうか？　とんでもなく、ひどいことになろう。それは間違いない。

金額の大きさだけではない。問題は先進国を中心に、打つ手がほとんど残っていないことだ。日本のバブル崩壊では、国は巨額の対策予算を計上した。そして、超低金利そしてゼロ金利政策を導入した。

現に、リーマン・ショック後の15年間で、先進国のみならず世界の多くの国々で、各国の借金は大きく積み上がっている。そこへ、世界的なインフレ圧力で金利が上昇してきた。そんな状況下での金融緩和バブルの崩壊だ。

またぞろ資産デフレ対策や景気浮揚に巨額の対策予算を投入するといっても、そう簡単ではない。各国が財政出動するにしても、借金はさらに増加するのみならず、これからは金利負担が大きくのしかかってくるのだ。

リーマン・ショック時には、先進国中心に巨額の資金を投入した。同時に、ゼロ金利そしてマイナス金利政策を導入した。それで、巨額の国債発行をしたものの、難なくこなせた。

ところが、いまやインフレ圧力で金利は上昇してきている。その状況で、さらなる国債発行を強行すると、金利を跳ね上げる要因となってしまう。

各国の中央銀行も、やはり打つ手は限られている。15年前のリーマン・ショック後の金融マーケット崩壊阻止においては、国債や住宅ローン債権などの無条件無制限買い入れで、中央銀行の財務規模は異常に膨れ上がった。

通常、中央銀行の財務規模は、その国のＧＤＰの10％ちょっとである。なのに、米国の中央銀行にあたるＦＲＢは40％弱にまで、ヨーロッパ中央銀行はＥＵのＧＤＰの60％と、財務規模を大きく膨らませている。

日銀に至っては、日本のＧＤＰのなんと１３０％にまで財務を膨らませている。膨れ上がる一途の国債発行の過半を買い入れたり、株式ＥＴＦを37兆円も買い込んできたのだ。

ここで金融緩和バブル崩壊となったからといっても、各国の中央銀行はリーマン・ショック時のような金融緩和策は打てない。

もっとも、22年から金利を引き上げてきたＦＲＢやヨーロッパ中央銀行は、その分の利下げ余地は確保している。しかし、インフレ圧力が控えており、そう簡単に利下げ政策には、踏み切れないだろう。

一方、ずっとゼロ金利政策に固執してきた日銀は、まったくの打つ手なしだろう。それどころか、金融緩和バブル崩壊で保有している株式ＥＴＦが大きな含み損を抱え込むことになる。

ひどい下げは、もはや不可避だ

37

先進国を中心にゼロ金利やマイナス金利を導入し、また史上空前の規模で大量の資金供給を続けてきた。

それでもって、膨れに膨れ上がってきた世界の金融マーケットだ。ひとたび売りが集中しだしたら、一体どうなるのだろうか？　金融マーケット全般での暴落は、もう避けようがない。

まずは、世界全体で発生するであろう、すさまじい規模の総売りのマグマの大きさについてみてみよう。

総売り？

そう、リーマン・ショック後の15年間というもの、ゼロ金利やマイナス金利、そして史上空前の資金供給が常態化した。その間に積み上がった巨額の買い残高や、あらゆる金融がらみ契約が一斉の売りにさらされるのだ。

別の見方をすると、この15年間で膨れ上がった世界の総債務残高が、世界のＧＤＰ

ひとつ分もある。それらによる投資勘定が金利上昇に耐えられず、総売りとなるのだ。

そうなのだ、世界的なインフレ圧力の高まりで、金利が上昇してきている。

一方、ゼロ金利をいいことに膨れ上がった巨額の投資残高や金融契約は、どれもこれも金利上昇に耐えられない。

採算割れの続出で、激しい売りにさらされよう。

とんでもない規模の売りが、世界中で広範囲に発生しよう。それに対して、つまり天文学的な金額の売りに対し、買い向かう投資家など皆無である。

その結果、恐ろしい総売りの暴落相場が、長いこと続くことになろう。

第5章

暴落ドミノ、どう乗り切るか

38 まだ間に合えば…

本書を執筆している現段階では、世界の金融緩和バブルはまだ崩壊するには至っていない。なんとも、しぶといものだ。

であるならば、投資家の皆さんは一刻も早く投資勘定の大半を売って、現金にしておきたい。まだバブル買いの燃えカスが続いてくれているのなら、高値で売り抜ける最後のチャンスである。

売るのは、ゼロ金利下で猛烈に買い上げられてきた株式の大半と、債券をはじめ金融商品のすべてだ。

唯一、残しておいていいのは、生活者に身近で、さほどバブル買いされてこなかった企業の株式だけである。

これだけのカネ余りバブル相場でも、マーケットから見離されたかのように株価が低位に放置されてきた企業の株式は結構ある。それらの銘柄は、さほど買われてこなかったから、バブルが崩壊しても、すさまじい売りを浴びることはない。

だから、保有し続けてもいい。

ともあれ、できるだけ多く売っておこう。いまだったら、思うがままに売れる。とにかく、片っ端から売っていくのだ。

マーケットが下げだしたらわかる。史上空前ともいわれるカネ余り上昇相場でバブル買いされてきたのだ。下げがはじまって、皆が売りに転じたら、それこそ信じられない規模の売りが殺到する。

反面、すさまじい売り地獄を眼のあたりにして、買いなんて入ってきやしない。たとえ、買いが入ってきたところで、津波のような売りに巻き込まれていくだけだ。

どうして、そうも売りを急ぐのかって？

第1章から第4章まで、いろいろな角度から書いてきたように、もう金融マーケットは限界に近い。空前の金融緩和に乗ってきたマーケットだが、ここからさらに上昇していく余地はほとんどない。

世界のインフレ圧力は根が深く、米FRBなどが目標としている、2%のインフレ水準に収まってくれるのは、はるかに先の話だろう。となると、現在の金利水準も、そう簡単には下がりそうにない。

一方、ここまでのインフレ圧力や金利上昇による企業への収益圧迫は、2024年あたりからどんどん表面化してこよう。それは株価全般を冷やすだけでない。

ジャンク債をはじめ、ゼロ金利時に大量発行された各種債券のデフォルト（債務不履行）を多発させよう。

これらは、どれも金融マーケット下落の引き金となる。そして、金融商品全般の暴落へと連鎖していく。そういった修羅場が、もういつはじまってもおかしくないのだ。

だから、個人投資家の皆さんは暴落がはじまる前に売って、投資ポジションを大きく引き下げておこう。そうアドバイスしているのだ。

機関投資家？　放っておこう。どうせ彼らは音楽が鳴っている間は、ダンスを踊り続けるのだから。彼らは自分の投資判断など無用で、ひたすらマーケットについていこうとするだけだ。

むしろ、彼らが暴落相場で大慌ての売り逃げに走りだした時の方が怖い。その時の、すさまじい売り圧力は考えるだけで、ゾッとする。一刻も早く遠く離れておくに如かずだ。

39

売ったお金は、どこに置いておくか

売れるものはすべて売った後、考えなければならないのは、売却で回収した投下資金と利益の置き場所だ。さて、どこへ置いておくべきか？

普通なら、いったん銀行にでも預けておこうかとなる。バブルがはじける前に投下資金を回収したのだから、ここは安全を期して資金を銀行へ預けておこうと誰もが考える。

しかし、それはちょっと待てだ。銀行とりわけ大手のメガバンクに預ければ安心とは、言い切れないのだ。

どういうことか？

世界的な金融緩和バブルがはじけ飛んだのだ。想像を絶するような資産デフレが襲ってくるのは間違いない。これは、先の章で書いた通り。

すると、銀行など金融機関も経営が大きく揺らぐ。なにしろ、企業などへ融資していた勘定や住宅ローンなどの多くが不良債権化する。

同時に、自行でやっていた投資勘定でも、やはり大きな損失を被る。売るに売れなくなった投資勘定では、巨額の含み損を抱え込んでしまう。

不良債権化した投資勘定には貸倒引当金を積まねばならない。また、自行の投資損失や含み損は当期利益に大きく食い込む。どちらも利益を大きく圧迫する。

それらを当期利益でカバーできなければ、銀行ではあるまじき赤字決算、そして債務超過となる。銀行経営を大きく揺るがすわけだ。

そうなると、経営に不安を感じた預金者は、それまで安心して預けていた預金を引き出そうとする。それが取り付け騒ぎに発展していきかねない。

預金の急激な流出は、銀行経営に赤信号を灯す。そうなると取り付け騒ぎなどの危険が高まる。その先では、預金の支払い制限や場合によっては預金封鎖が待っている。

まさか、そんな大ごとにまではいかないだろう。預金の支払い制限や預金封鎖なんて、よほどの非常時の話、そう思いたくもなる。

しかし、そうした非常時を想定しておいた方がいいのだ。

これだけの壮大な金融緩和バブルが吹っ飛ぶのだから、発生する資産デフレ額は想像を絶する規模となろう。

先の章でも書いたように、規制の緩やかなノンバンクの資産が銀行を大きく上まわっている。そのノンバンクによる投資勘定が大きく傷むのだ。

そのしわ寄せは金融機関全般に及んでいく。たとえ大手のメガバンクだろうと、あそこは大丈夫とは言い切れない。

そうなのだ、バブル崩壊後のお金の置き場所としては、銀行は決して安全ではない。むしろ、不向きなのだ。

ここで、ちょっと脱線しよう。

40

ペイオフ制度があるから安心？

民間銀行に預けてある預金は、１０００万円までの元金と利子はペイオフ制度で守られている。だから安心である、そういわれている。

１０００万円までの預金と利子を守ってくれるのは、預金保険機構というところである。預金保険機構に対しては、民間の銀行全般が毎年一定の率で保険金の積み立てをする。なお、農協などの金融機関においても、別の預金保険制度がある。

積み立てた資金は預金保険機構にプールされる。そして、そのプールされた資金から、経営不振に陥った銀行の預金者に対して、１０００万円までの預金と利子を保証する仕組みである。

では、預金保険機構にプールされているペイオフの原資はいくらあるのだろう？

２０２３年３月末の決算数字によると、責任準備金として５・２兆円が計上されている。

それに対して、銀行など民間の金融機関に預けてある資金は８４１兆円もある。[23]

年6月末の個人金融資産で預貯金勘定は1011兆円だった（日銀統計）。そこから郵便貯金170兆円を差し引くと、841兆円になる。

その841兆円のかなりの分が銀行全般への預金で、残りは農協などへの預金である。ともあれ、そういった銀行全般への預金勘定に対し、預金保険機構にプールされている資金は5・2兆円に過ぎないのだ。

そんなわずかな資金で一体どうやって、1000万円までの預金と利子を保証できるというのだろう。とうてい無理である。

そもそも、預金保険機構もペイオフ制度も、通常の経済活動において発生するかもしれない銀行破たんに備えてのもの。金融緩和バブル崩壊によって、多数の銀行をはじめ民間金融機関が破たんする状況など、まったく想定していない。

ということは、いざ金融緩和バブル崩壊ともなると、ペイオフ制度も限界をさらけ出そう。

41

地味だが安全なお金の置き場所

いざ金融マーケット全般が大暴落をはじめるや、途方もなく巨額の資産デフレと、それによる信用収縮が経済全般に覆いかぶさってくる。それに耐えられず、多くの企業や金融機関は破たんをきたす。

そうなると、投資家として自分の資金の置き場所にも、十分に注意を払う必要がある。先にも書いたように、「銀行なら安全」ではなくなっているのだから。

ここなら安全といえる資金の置き場所が、3つある。それを説明しよう。

第1は、先に、いま保有している投資勘定の大半を、一刻も早く売っておけと書いた。売って現金化した資金は、そのまま証券会社に置いておくのだ。

売却代金などを証券会社に置いておくと、その資金は証券保管振替制度によって、日証金信託銀行に移される。そして、信託財産として保管管理してもらえるのだ。

そう、手持ちの投資勘定を売って現金化した後、証券会社に置いておくと、自動的に日証金信託銀行に移されて信託財産となってしまうのだ。

信託財産は信託銀行の経営とは完全に分離され、別勘定として管理される。したがって、かりに信託銀行が潰れても、信託財産は無事に保管されている。

第2は、お金の安全な置き場所として、同じく信託財産というものを活用する方法である。それは投資信託（投信）を買っておくことだ。

投信を買うといっても、本書で厳しく指摘している点は要注意という上でだ。つまり、金融緩和バブルの崩壊で、多くの投信ファンドはズタズタの成績に追いやられよう。成績悪化で大量の解約も殺到しよう。

そんな中、本当にこれなら大丈夫といえる投信ファンドは、そう多くはない。数少ない安心ファンドを、保有し続けたり、つみたて投資を続けるのは大賛成である。

まともな投信ファンドなら、金融緩和バブルの崩壊による大混乱をも乗り越えて運用を続けてくれよう。そして、なによりもファンド資産は信託財産として保管管理されているから、安心きわまりない。

なお、米国で金利上昇に乗って急増しているように、日本のＭＭＦ（マネー・マーケット・ファンド）購入も一案である。金利上昇に乗っていける信託財産として安心できる。

第3は、生活者からみてなくなっては困ると思える企業の株を買っておくことだ。その時、注意すべきは株価が大きく跳ね上がってきた企業は避けること。バブル買いされてきた企業の株式は激しく売り叩かれるのだから。

もうひとつの注意は、生活者になくてはならない企業でも、最近の若い会社は外そう。ゼロ金利で資金はいくらでも借りられる甘ったれた事業環境で育ってきた企業は、経営が鍛えられていない。

地味だけれど潰れっこない企業の株式を買って保有しておけば、これまた資金の置き場所としては安全この上ない。

ありがたいことに、バブル買いされてこなかったから、暴落相場でもさほど売られない。そう、潰れっこない企業の株主となることをもって、大事な資金の置き場所とするのだ。

42

他に安全な投資先はないのか？

おそらく読者の皆さんは、金（ゴールド）とか不動産なら安全なのでは、そう思うだろう。それに対しても、まあ止めときなだ。

まずゴールドだが、たしかにその価値は不滅といえる。宝石の場合は、その時々の流行に沿ったスタイルにカッティングしては形を整える。削っていく度に、宝石は小さくなっていく。つまり宝石としての、価値は下がる。

その点、ゴールドはどんなに細切れな粒にしても、溶かしてひとつの固まりにすればいいだけのこと。そうしたら、常に1オンス2000ドルとかの価値を持つ。

もうひとつは、いついかなる時でもゴールドを差し出せば、その対価として食糧など必要物資と交換してもらえる。つまり、ラストリゾート（どんな時でも頼りになる資産）としての価値は、古今東西だれもが認めるところである。

ただし、ゴールドは相場商品だから資産形成の対象としては不向きである。金価格は買い人気が高まってくると上昇するし、買い人気が去ると値を下げる。

そう、ゴールドは夜逃げ資産としての価値は抜群だが、財産価値としてはその時の金相場次第ということになる。つまり、当てにならない財産なのだ。

次に、不動産だが、いまは止めておこう。史上空前のカネ余りで、不動産価格全般はびっくりするほどの高値まで買い上げられてきた。

金融緩和バブルがはじけたら、ものすごい売りにさらされるのは、容易に想像できる。なのに、こんな時に安全資産だとはとうてい考えられない。

不動産を買うのは、金融緩和バブルがはじけ、すさまじい暴落相場となってからでいい。

もちろん不動産は一物一価で、良い出ものがあれば買っておきたい。ただし、それでも現在の価格水準は高過ぎる。

タンス預金？　インフレが来ているのだ、考えるまでもない。まったくの論外である。

暴落後の運用をどうするか

43

ここまでみてきたように、金融緩和バブルは実に多くの要因が折り重なって巨大に膨れ上がってきている。

1970年代からの過剰流動性、80年代に入ってからの年金マネーによる買い、リーマン・ショック後のゼロ金利と史上空前の資金供給と、どれもこれもが折り重なって世界の金融マーケットを押し上げ続けてきた。

その間に、世界の投資家は個人も機関投資家も、そして市場関係者たちも、大半が右肩上がりの上昇相場しか知らない世代となってきている。

実は、これも世界の金融マーケットの押し上げ要因となっている。

そういった好条件がそろって、かつて歴史に経験したことがない壮大な上昇相場が出現した。それに乗って、株式はじめあらゆる投資対象商品での買い残高は、異様に膨れ上がってきている。

その買い残高だが、歯車が逆転をはじめたら、一体どうなるのだろう。これまた、想像を絶する売りに一転しよう。

やっかいなことに、世界の投資家のほとんどが買い上がることしか知らないでやってきた。そんな彼らにとっては、売り逃げのマーケット展開なんて未知の世界もいいところ。皆が自分の売りしか念頭になく、とにかくの売り逃げに殺到しよう。

世界中の投資家が一斉の売り逃げに走ったら、もうマーケットは歯止めの利かない暴落相場となる。そのあたりを図式化したのが、**図表12**である。

まず、株式市場は巨額の売りに叩き潰されるかのように暴落していく。どのぐらい下げるのかは想像もつかない。

コンピュータによるプログラム売りも発動されるだろうし、先物やオプション取引などでの売りも覆いかぶさってくる。収拾のつかない売り地獄の中、株価全般は深く深く沈んでいこう。

どこまで下がるかは予測もつかないが、株価全般が急激に下げていく過程で、次の展開が待っている。

それは、企業の淘汰だ。金利上昇に加えて急激な信用収縮で、経営が立ちいかなくなった企業群が、次々と市場から消えていく。消え去る寸前まで、それら企業の株価はゼロに向かって落ちていく。

一方、金融緩和バブル崩壊を乗り越えて、生き残っていくであろう企業群は、暴落後しばらくすると徐々にはっきりとしてくる。それら企業の株価は長らく低位に低迷した後、どこかで売られ過ぎの反転上昇をはじめる。

この、企業それぞれによる二極化の動きも、図表12でとくと眺めてもらいたい。

次に債券だが、こちらは一直線の下落となっていく。債券は金利裁定商品の典型であって、金利上昇にはからきし弱い。なおかつ債券価格は金利動向と常に反比例の動きをする。

さしあたっては、ジャンク債などが金利上昇に耐えられなくなって売られだす。ジャンク債などの売りによる（値下がりによる）債券流通利回りの上昇は、債券市場全体に広がっていく。

【図表12】金融緩和バブル崩壊後の金融マーケット

■空前のカネ余りバブル崩壊で、巨額のマネーが蒸発する
■金利上昇で先進各国とも、国債の増発によるマネーのバラ撒きは困難に
■過剰流動性は急速にしぼんでいく
■債券市場は一直線の急落、長期金利が上がりだすまで低位低迷
■株式は急落後、一部の株式はＶ字型の急回復に入るが、大多数の株式は下げ続けて底練り相場へ
■インデックス・ファンドは冬の時代に

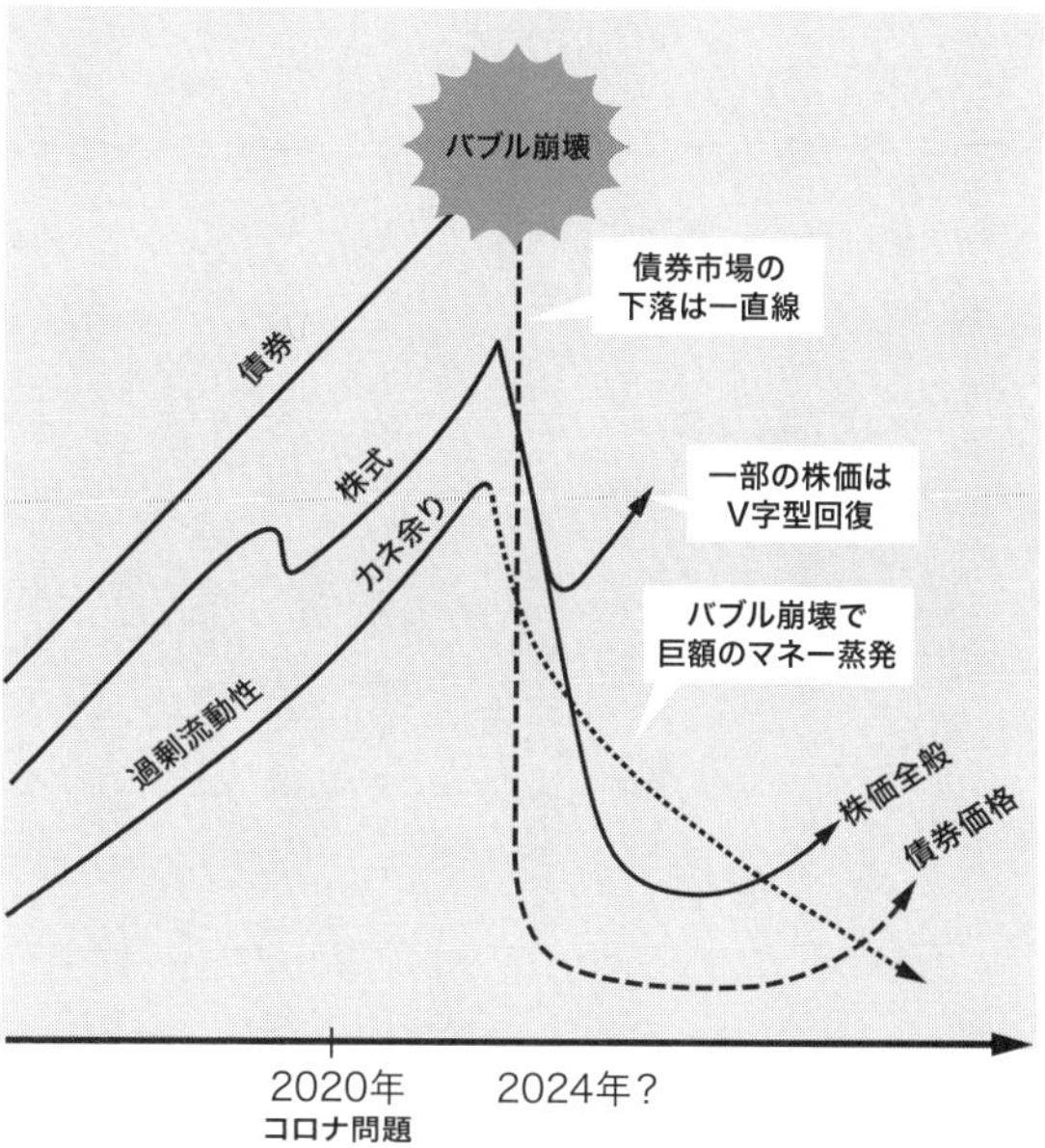

そのうち、企業の淘汰が進みだすと、さらなる債券売りにつながっていく。それが流通利回りを押し上げることで、市場主導型で金利は上昇しはじめる。

それを市場金利の上昇といって、ひとたび市場金利が暴れだすと政策金利など無視して上昇してしまう。それが、債券市場の暴落に拍車をかけることになる。

ここでもやっかいなのは、ゼロ金利やマイナス金利下で、金利のない世界が長く続いたことだ。債券市場はもちろん短資市場においても、金利が暴れだすとそれに対応できるディーラーがいなくなっている。

ものすごい売りが殺到する中で、それをうまくさばく短資市場をはじめ金利のディーラー不在は、債券市場の混乱をさらに増幅させよう。

その他の金融商品も、皆まとめて値を崩そう。最も収拾がつかないのが、オプション取引など私的な相対取引だ。

246ページで詳述する「カウンターパーティ・リスク」が、あちこちで多発する。暴落相場に輪をかけて、金融機関の間ではパニック状態となろう。

44

インデックス運用は冬の時代に

たまたま、この40年間は世界の債券や株式市場が歴史に例のない上昇相場を続けてきた。第1章でも書いたが、世界的なカネ余りと、膨れ上がる一途だった年金マネーによる買いが、上昇相場を強力に下支えしたという背景があってのこと。

その流れに乗って、1980年代半ばからインデックス運用が、この世の春を謳歌してきた。また、機関投資家の資金運用も、長期の上昇相場に乗って一応は結果良しでやってこれた。

しかしながら、いま40数年ぶりのインフレが台頭し、各国の経済が金利のある世界へ回帰していこうとしている。世界的なカネ余りバブル相場が崩れ落ちようとしているわけで、まさにメガトレンドの変化だ。

金利が復活してくるにつれて、長いこと金利はゼロで資金はいくらでも借りられるという経営環境に甘えてきた企業群は、たちまち苦しい事業環境に追い込まれる。

それら落ちこぼれていく企業群の株価下落や長期低迷が、早晩インデックス価格の低迷となって反映されてこよう。

そうなると、玉石混交の企業群をひとまとめにしているインデックス運用にとっては、辛い展開となっていく。金利上昇に耐えられない企業群が、すべて脱落していくまでは、インデックス運用も長期低迷を余儀なくされよう。

そう、インデックス運用の40年余の歴史において、はじめての冬の時代到来となるわけだ。

同時に、投資対象銘柄を選別するアクティブ運用が大復活を遂げよう。

また、メガトレンドの変化に直面した時、世界の機関投資家による資金運用は、どのような成績を残していけるのだろうか。まず間違いなく大苦戦しよう。

45

アクティブ運用の大復活

1980年代に入って、年金マネーが急増しはじめ、世界の運用会社が年金マネーを獲得しようと、マーケティング会社へと変身していった。

同時に急激に膨れ上がる年金マネーの運用現場では、アナリストやファンドマネジャー不足が深刻な問題となっていった。

ていねいに個別企業を調査分析し、適切な運用ポートフォリオを構築し、適度なタイミングで売買を執行する専門家の供給が、まるで間に合わなくなった。

そこで、世界の運用業界が目につけたのが、インデックスファンドである。

もともとは、米バンガード社の実質的創業者であるジョン・ボーグル氏が、低コストの運用で一般大衆の資産形成を手伝おうと、1976年に「バンガード500」というインデックスファンドを立ち上げた。

平均株価などの指数に連動した運用をコンピュータにやらせれば、アナリストやファンドマネジャーの手を介さなくても運用ができてしまう。

また平均株価に沿った運用だから、長期的に構えればそれなりの資産形成になっていくはず。そういった考えでもって「バンガード500」を設定したわけだ。

その「バンガード500」ファンドだが、設定して6~7年は低迷した。ところが、年金マネーの急増とアナリストやファンドマネジャー不足が顕著になってきた1983年あたりから、インデックスファンドが注目を浴びるようになってきた。

コンピュータに運用させるだけだから、アナリストやファンドマネジャーなど不要。また運用資金がいくら膨れ上がっても、コンピュータの演算能力を高めるだけのこと。かくして世界の運用業界はインデックス運用になだれ込んでいった。

うまい具合に、膨れ上がり続ける年金マネーの買い増しに、世界の過剰流動性やリーマン・ショック後のゼロ金利と空前の資金供給に支えられて、世界の株価はずっと右肩上がりのトレンドを描いてくれた。

株価全般が右肩上がりの上昇を続けるなら、別に個別株投資などしなくてもいい。

つまり、平均株価を買っておくだけのパッシブ運用でも文句ないだろう。そういった考え方が、あっという間に世界の運用業界で定着していった。

かくして、インデックスファンド万能の時代が今日まで続くことになった。機関投資家の運用にも好都合だし、個人投資家の資産形成にも手っ取り早いしコストも低い。

そんなわけで、インデックスファンド、つまりパッシブ運用は世界中で運用の主流となっていった。各国の株式ファンドに占める割合は日本が70％、米国は50％、ヨーロッパは40％といわれている（日本経済新聞／２０２３年３月１日）。

そのインデックスファンド万能の時代も、金融緩和バブル崩壊とともに、一区切りとなろう。図表12（１９５ページ）で示したように、株価全般は大きく下がるからだ。

マーケット全体に投資するパッシブ運用では、どうしても玉石混交の企業投資となる。マーケット全体が右肩上がりだったこの40年間は、石コロのような銘柄も一緒に上がってきた。

しかし、金利上昇で金融緩和バブルが崩れるや、石コロ企業の業績は急悪化して株価も大きく値を下げる。その点、「玉」と思われる企業群は業績の裏付けがあるから、暴落相場がひと段落してくれば、すこしずつ買われだす。

このあたりが、図表12で示した奈落の底へ転げ落ちていく株式と、どこかで踏みとどまって次の上昇を模索しだす株式との二分化である。そして、平均株価はそれらのどちらも含んでいるから、長期低迷を余儀なくされる。

一方、われわれ本格派の長期投資家は、しっかりしたリサーチで投資対象企業を厳選している。石コロ企業なんてのは、最初から削り落としている。

たしかに、この40年間の長期右肩上がり株式市場では、インデックス運用とは大して差をつけられなかった。しかし、金融緩和バブル崩壊後は、放っておいても大きな差となっていく。世の評価も一変しよう。

まさに、アクティブ運用の大復活である。そもそもが株式投資なんて、アクティブ運用なんだけどね。

46

大バーゲンハンティングに打って出よう

金融緩和バブルがはじけて暴落相場に入っていくと、金融マーケットはもちろん経済は大混乱に陥る。それは、膨れに膨れ上がった金融マーケットと、張りボテ経済が吹っ飛ぶだけのこと。別に慌てることはない。

人々の毎日の生活と、それを支える企業活動は、ずっと続いている。バブル崩壊で暴落相場が襲来しても、それはなにも変わらない。

それが実体経済というものである。われわれ本格派の長期投資家が拠って立つところ、それが実体経済である。

実体経済は大丈夫とはいわれるものの、資産デフレで信用は収縮し、資金不足から企業活動にブレーキがかかる。マーケットや経済の大混乱は続いているし、とても投資など考える状況にはないのでは？

否、そういった経済も社会も大混乱に陥っている時こそ、本物の投資家の出番である。

たしかにマーケットは暴落して世の中は大騒ぎとなっているが、人々の生活も企業活動も、昨日と変わることなく続いているではないか。そういう実体経済をサポートするべく、資金を提供するのが、長期投資家の役割である。

具体的には、生活者からみて大事な企業の株を片っ端から買うのだ。株価は十分に安くなっている。まさに、大事な企業を応援買いする絶好のチャンスである。ありがたいことに、暴落相場で株価はやたらと安くなっている。生活者にとって大事な企業は潰れっこない。

だったら、なにが怖いのか。怖がることなど、なにもない。「この企業とこの企業は徹底的に応援するんだ」の気持ちさえあれば、いくらだって買える。

それが長期投資家の大バーゲンハンティングである。

47

新NISAも苦難のスタートになろう

金融界では2024年1月からはじまる新NISAに色めき立っている。非課税となる金額が大幅に拡大されたこともあって、個人の新規投資口座を獲得する大チャンスととらえられている。

これに対し、筆者はふたつの理由で猛反対してきた。タイミングが悪過ぎるのと、投資対象商品のほとんどが高値にあるという理由で。

本書で、ずっと主張してきているように、いまや金融緩和バブルがいつ崩れだしてもおかしくない。つまり、この先でひどい暴落相場が待っているのだ。

そんなタイミングで、投資がはじめての人たちが新NISA制度に誘い込まれるなんて罪つくりな話である。おそらく高値づかみして、苦しいスタートとなろう。

また、投資がはじめての人たちが新NISAで投資対象とするであろう株式や投信ファンドは、どれもこれも高値にある。そう、いまは選択の余地が限られているのだ。

ひどいものだと思うのは、金融界の人々が新ＮＩＳＡ制度の非課税ばかりを訴えていることだ。儲かってはじめて非課税を満喫できるというのに。

一般の投資なら、損益通算ができる。しかし、現行のＮＩＳＡや新ＮＩＳＡは投資収益が上がった時だけ、非課税となるのだ。

ということは、こんな金融緩和バブルの最終局面で新ＮＩＳＡ投資をはじめるなど愚の骨頂もいいところ。高値づかみした投資を抱えるわ、税控除の特典にありつけないわで、いいところなしだ。

新ＮＩＳＡは積極的に活用するべきだ。しかし、いまではない。金融緩和バブルの崩壊を待って、おもむろに買いはじめよう。

暴落相場で買っておけば、どこで売っても投資収益が得られる。そこでたっぷりと税控除を堪能できるというものだ。

第6章

機関投資家運用の落とし穴

48

まともな長期投資家がいない現実

第2章でも書いたように、世界経済に蓄積された数々のひずみだが、もういつ爆発しだしてもおかしくない。株式市場をはじめ世界の金融マーケットの暴落も、いまや時間の問題である。

こういった時こそ、いつも将来を先読みして早め早めの行動に移っていく、長期投資家の出番である。

世界経済になにが起ころうと、マーケットが大暴落しようと、人々の生活はなくならない。人々の生活を支える企業活動も一時として休むことはない。

そう、地球上81億人余の人々の生活は、どんなことが起ころうと今日も明日も続いていく。また、それを支える企業活動も一時として止まらない。それが実体経済である。

そして、いつどんな時でも実体経済から一歩も離れず、そこにしっかりと足を下ろして、将来価値の高まりを追い続ける。それが長期投資家である。

そんな、われわれ本格派の長期投資家からすると、ただカネを大量にバラ撒けば良しとするマネタリズム経済やら、カネ余りバブル相場に踊った金融緩和バブルなどには、とうていついていけない。

むしろ、それらの大崩れを待ち構えて、大バーゲンハンティングの機会を待つのが長期投資というものである。

投資なんて、「安く買っておいて、高くなるのを待って売る」だけのこと。ならば、こんなカネ余りのバブル上昇相場からは一刻も早く離れて、いずれ来る暴落相場を待って買えば、すばらしい投資ができる。実に、簡単なことである。

経済なんて、そもそもが人々の毎日の生活と、それを支える企業活動でもって成り立っている。その中で、人々の生活からなくなっては困る企業の株式を安く買っておいて、高く売れば投資運用となっていく。

しかるに、運用のプロであるはずである機関投資家が、投資運用というものからは大きく外れてしまっているのだ。これは、日本の機関投資家だけではなく、世界中のほとんどの機関投資家にも通じる悩ましい問題である。

そのあたりを、この第6章でみていこう。

はじめに断っておくが、筆者は世界の投資運用ビジネスで、52年あまり生きてきた。それも、機関投資家の現役としてだ。

その間、世界の機関投資家運用というものが様変りとなっていったのを、ずっと見てきた。とりわけ、80年代に入ってからだ。

たしかに、年金マネーを中心に運用ビジネスは驚くほどに巨大化した。その一方で、これが運用のプロかと憤りを感じてしまうほどに、世界の機関投資家運用のレベルが下がってきている。

以下では、かなり厳しい指摘を展開していくことになる。

49

資産運用マシーン化する世界の機関投資家

世界の機関投資家運用は大きな間違いを犯している。それは、彼らが巨額の資金を預かって運用はしているものの、その運用が経済や社会にどのような影響を及ぼしているかについては、まるで無関心かつ無責任なことだ。

これは由々しき問題である。年金をはじめ生命保険や信託銀行などが受託している巨額の個人マネーだが、それを運用している機関投資家が、その運用において経済や社会への影響を意識していないなんて、話にならない。

もっとも、どの機関投資家も受益者のための運用とかを謳ってはいる。ただ、その運用が経済や社会に良かれではなく、ただただ運用成績という数字を出すことに矮小化されてしまっているのだ。

本来ならば、年金など一般個人の資産を預かって運用するにあたっては、人々の生活や社会にプラスとなるような方向で投資を展開するべきである。

ところが現状では、どの機関投資家も運用成績を追求することばかりに汲々としている。たとえば、年金などの運用資金を委託する国や企業年金などの投資家顧客サイドは、毎年それなりの成績を出してくれと要求する。成績が芳しくなければ、ほかの運用者に資金を移し替えることも大ありだ。追い求めるのは毎年の成績（数字）である。

一方、運用資金を受託する方も毎年の成績を叩き出すことに明け暮れている。それも金融マーケットを相手に、ひたすら運用成績という無機質な数字を追いかけるをもって、その職務としている。

運用を委託する方も、運用を担当する方も、念頭にあるのは毎年の成績を上げることのみ。それが、年金をはじめ巨額の資金を預かり運用する機関投資家の職業意識となっている。

自分たちの運用でもって、経済全体や社会をどう良くしていくか、どのような貢献をしていくかなんて、まったく意識していない。まるでロボットのような成績数字追いかけマシーンと化している。

そんな機関投資家が、われわれの年金積立金などを預かり運用しているのだ。

おかげで経済や社会に大きなひずみが

50

世界の機関投資家の運用マシーン化は、1980年代からはじまり、どんどん激しくなってきた。それが、経済や社会にさまざまな問題をもたらしている。

運用マシーン化？　そう、70年代までは、機関投資家といえば大事な資産を預かり運用してくれるプロ集団として、社会から大いに尊敬される存在だった。

投資とは、もともと将来の経済や社会を築いていく方向で、お金に働いてもらうことをいう。将来を築いていくというならば、どんな社会をもって良しとするかの夢や思いが問われる。

そして、その夢や思いを実現させていこうとする強い意思が働いて当然とされる。それが、投資というものである。

別の角度からいえば、築いていく将来の経済や社会に対する責任というものを、しっかり認識してお金に働いてもらうのだ。それが、われわれ本物の投資家が大事にする運用者としての矜持である。

かつては、そういったプロ集団だったからこそ、機関投資家は社会から大いに尊敬されたわけだ。また、そういったプロ集団にお金を託して運用してもらうことの意義は大きかった。

ところが、80年代に入って年金マネーが急速に膨れ上がってくるにつれて、世界の運用ビジネスが様変りとなっていった。どの運用会社も年金マネー獲得のマーケティングに力を入れるようになっていったのだ。

70年代までは、運用会社がマーケティングに力を入れるなんて考えられなかった。積み上げた実績をベースとした世間の高い評価でもって、運用資金は投資家顧客の方から預けにきてくれたものだ。

ところが、年金マネーの急速な巨大化とともに、どの運用会社もビジネス拡大のマーケティングにのめり込んでいった。それまでの、「運用会社にとって、マーケティングなど邪道だ」としていた見識は、きれいさっぱり忘れ去られてしまった。
運用マネー獲得のマーケティング競争が激化していくにつれて、運用会社のプライドも矜持もどこかへ消えていった。それよりも、運用成績の評価を得ることに、皆汲々としだした。

それでも、はじめは5年ぐらいの成績を競っていた。ところが、あっという間に3年だ1年だとなっていった。いまや、四半期ごとの成績をも訴えだしている。

こうなってくると、もはや投資運用どころの話ではない。いかに毎年のあるいは四半期ごとの成績を叩き出すかだけだ。
それを資金運用（Money Management）という。お金を右から左へ転がしては、ひたすら売買益を増やそうとするだけ。

一方、投資運用（Investment Management）では、将来の経済や社会に向けての夢や思い、そして意思がいつでも問われる。つまり、築いていこうとする将来の経済や社会への責任が問われているわけだ。

その点、機関投資家たちの資金運用となるや、ひたすらお金を増やそうとするだけ。将来どころか、現在の経済や社会に対する責任意識でさえ、かけらもない。

年金などの巨額資金を運用する世界の機関投資家たちが、経済や社会への責任意識や配慮がなしなんてのは、絶対にマズイ。

そこで、飛び出てきたのが、ESGやSDGsである。環境（Environment）や社会（Society）そして企業統治（Governance）をもっと強く意識しようということだ。

あるいは、皆で持続性のある（Sustainable）経済発展（Development）でもって、より良い社会を築いていこう。そのためには、機関投資家においても、守るべき17の目標（Goals）を定めて頑張っていこうと、最近は唱えだしている。

ＥＳＧもＳＤＧｓも、わざわざスローガンにする必要などないこと。そもそも機関投資家たちが、社会のあるべき姿とか、将来に向けての責任意識をもって巨額の資金を投資運用していれば済む話。

それを、いちいちスローガンにすること自体がおかしいのだ。世界の機関投資家運用が、どれほど経済や社会とかを無視して、運用成績という数字を無機質に追いまわしてきたか。その反省なのだろうが、どこまで本気かは疑わしい。

まさに、「代理人運用の限界」を物語っている。

サラリーマン根性まる出しの「代理人運用」の限界

51

代理人運用？　世界中の機関投資家運用のほとんどにおいていえることだ。

つまり、年金などの資金を運用委託する方も、運用実務を担当する方も、どちらも雇われである。自分の資金を運用しているわけではない。そこに、構造的問題がある。


雇われている以上は、自分が与えられた任務を100パーセント果たすことが求められる。つまり、運用成績という数字を毎年毎年叩き出すこと、それに尽きる。


その反面、運用資産の長期的な成績、たとえば10年20年後の顧客資産の増殖に向けて、どう責任をもって応えていくかなどは問われていない。

ましてや、その運用がもたらす経済社会への影響など、まったく考える必要はない。毎年の成績数字さえ出していれば、また競争相手に負けない実績を出していれば、運用資金は集まってくる。

つまり、機関投資家としてのビジネスは安泰である。年金などの資金管理担当者も運用担当者も、給料やボーナスにありつける。

逆に、機関投資家にとっては運用成績が悪いと評価されるや、預かっていた運用資金は引き揚げられる。運用担当者もクビとなる。それは困る。

だから、どの機関投資家も運用担当者も、マーケットからつかず離れずの運用姿勢に徹するわけだ。

運用成績がマーケットから大きく引き離されない限り、まずは安泰である。どうせ競争相手たちも似たりよったりの成績数字を出しているだけだから、そうそう差はつけられない。

かりに、マーケットが大暴落して成績が急悪化しても、競争相手たちも同様に大やられしている。したがって、成績に差はつかない。だから、やはり安泰である。

投資家顧客から預かっていた資金が、マーケット暴落で大きく目減りしてしまった。それに対しては、なんとも思わない。せいぜい、マーケットの大暴落には不可抗力でしたと報告するぐらい。

これが世界の機関投資家運用の実態である。運用のプロどころか、サラリーマン根性まる出しで、マーケット追いかけの資金運用マシーンと化しているのだ。

52 投資本来のあるべき姿と乖離する現実

そもそも投資というものは、将来社会を築いていく意思と方向性をもって資金を投入することである。つまり、投資家はすべからく、出来上がっていく将来の経済や社会に対する責任意識が常に問われるのだ。

ところが、雇われ人の集合体である年金基金などの機関投資家や、その運用者たちの間では、そういった投資家本来の意識などはまるでない。また、与えられた資金の投入がもたらす経済や社会への配慮も求められない。

彼らはひたすら、毎年の成績を積み上げていくだけの、無機質な数字追いかけに終始させられている。

これは、現代資本主義が抱える最大の問題点のひとつといえる。すなわち、代理人（エージェント）資本主義という問題である。

やっかいなのは、機関投資家として運用する資金が巨額であることだ。それが故に、その横暴と無責任ぶりが、世界経済や社会のあちこちに大きなひずみをもたらしてしまう。

その昔、資本家や銀行家は自分の私財を投入して、事業や銀行経営にあたっていた。私財を投入するわけだから、そもそもの事業目的が明確だし、資金投入におけるリスク意識やバランス感覚は、片時もないがしろにしなかった。

そう、資本家や銀行家たちは、常に世の評価にさらされている。どれだけ経済や社会全体に良かれという意識や責任感をもって、事業や銀行経営にあたっているのかという観点でだ。

そして、結果責任という厳しいチェックがついてまわる。

事業家として銀行家として、どれだけ成功を収められるか。それは、すべて彼らの経済や社会に対する思いや意識の強さにかかってくる。すなわち、誰のための何のために私財を投入して事業にあたっているのかだ。

かつて資本家や銀行家は、その事業を常に世の評価にさらしていた。だからこそ、時の審判つまり時間の経過に耐えられる経営を心がけることになる。

それをクリアし続けてきたが故に、事業家として個人銀行家（ザ・バンカー）として社会から大きな尊敬を集めることができたわけだ。

53

所有と経営の分離とはいうものの

しかるに現代は、株式会社として株主つまり所有者は広く分散し、事業も巨大化するにつれて、経営も専門家（プロ）があたることになってきている。いわゆる、企業や銀行における所有と経営の分離だ。

そうなってくると、株主利益の果てしない追求と、企業としてあるべき社会的な姿とのギャップが、どんどん広がっていく。両者の間には、本来ならば、お互いに対するチェック機能が働くはず。

ところが現実は、相互チェック機能どころではないのだ。すなわち、株主は自己利益最大化を求めて経営サイドに、いろいろと圧力をかける。

とりわけ、運用成績を追いかけまわっている機関投資家の大株主としての圧力は強い。

一方、経営サイドは株主に任命されているから、その圧力に従わざるを得ない。逆らえば、経営の職を解かれてしまう。

となると、株価上昇につながるような短期的な利益最大化や自社株買いといった方向での株主要求と、その圧力を受けた目先の利益追求経営で高給をせしめようとする経営方針とは見事に一致する。

つまり、両者が同じ方向を目指すわけだ。もうそこには、企業の社会的な存在理由への配慮などは、どこかへ消えてなくなっている。

その典型が、アクティビスト（モノ言う株主）たちが企業を食い物にしては現金を吸い尽くし、後は野となれ山となれで、ポイ捨てにする昨今の風潮だ。その後ろ盾となっているのが、「モノ言わぬアクティビスト」ともいえる機関投資家なのだ。

機関投資家たちは、どんな圧力であれ株価さえ上がれば、成績を高めることができる。それで、アクティビストが強引に株価を上げさせようとするのを、いつも静かに応援している。

また、企業を渡り歩くプロ経営者とやらが、無理やり短期間の利益計上に走っては、その報酬として高給をせしめる悪弊も横行している。こちらも、後は野となれ山となれだ。

大株主である機関投資家は株価が上がれば、運用成績に直結する。だからプロ経営者とやらを歓迎する。

そう、機関投資家もプロ経営者も皆雇われ、つまり代理人である。その職務を果たすにあたって、彼らは社会的には恐ろしく無責任な行動でも、平気でやってしまう。なんとも、おぞましくいびつな状況となっているわけだ。それが、たとえば世界の年金運用という巨大なメカニズムの中に、ガッチリと組み込まれてしまっているのが現実である。とてもちょっとやそっとでは崩れそうにない。

これが代理人資本主義の実態である。誰も経済や社会全体のあるべき姿、さらには将来像を意識することもなく、日々の仕事にあたっている。

いずれも雇われという立場で、定められた任務を果たすだけのこと。社会や将来に対し、いささかの責任も持とうとしない。

別の角度からいうと、運用成績という数字を無機質に追いかけるあまり、機関投資家運用は「部分最適の追求」に陥ってしまっているわけだ。

そこには、経済や社会など「全体最適への配慮も意識」も、まったくない。そう、年金などの機関投資家運用という巨大なメカニズムが、どうにもブレーキがかからぬまま、部分最適の追求に走っているのだ。

それに対し、全体最適が完全におろそかになってしまっているのが、機関投資家運用の現状である。そんな中でのESGとかSDGsなんて、もう茶番もいいところである。これは、現代社会の大きな落し穴である。

加えてその機関投資家運用に、もうひとつの大きな落し穴が待ち構えているのだ。

54

巨大な運用マネーのリスク管理

世界の株式市場や債券市場をはじめ金融マーケットは、信じられないほど巨大規模に拡大成長した。そこでの主役は、もちろん機関投資家である。

運用会社でみてみると、世界第1位と第2位は預かり資産が1300兆円とか800兆円と、信じられないほどの巨大規模にまでなっている。

なんと日本経済の2・3倍とか1・4倍もの巨額資金を、世界中の金融機関や年金などから預っているわけだ。

日本経済の2・3倍とか1・4倍もの巨額資金を預かるのはいいとして、一体どのように運用したり管理しているのだろう?

もちろん、これら世界第1位や第2位の運用会社のことだけではない。その後にも、やはり巨額資金を預かり運用している会社が続々と連なっている。それが世界の機関投資家たちの実像である。

とんでもなく巨額資金を運用するのはいいが、その資金の大半は世界の金融マーケットに投入されることになる。
途方もなく巨額資金であるが故に、その運用ポートフォリオはこれまた恐ろしく膨大な規模になる。とてもではないが、人間の手に負える規模ではない。となると、コンピュータやＡＩをフル活用することで運用管理していくしかない。

さてさて、今後どこまでコンピュータやＡＩでもって、膨大なポートフォリオの運用を管理していけるものだろうか？
なにしろ、40年越しの過剰流動性と膨れ上がる一途だった世界の金融マーケットだ。そのトレンドが永久に続くのならまだしも、どこかで逆流をはじめたら、一体どうなるのか。

コンピュータ運用やＡＩ活用は、膨大なデータベースを駆使するもの。そのデータベースが、果たして金融緩和バブル崩壊という未知の、とんでもない暴落相場についていけるかどうか？

世界の金融マーケットのあちこちで大崩れをはじめるや、それらの下げに大手の運用会社は一体どう対応するのか？　まさか、コンピュータを駆使して一刻も早い売り逃げに走りはしないだろう。

そんなことをしたら、途方もなく巨額資金の総売りで、世界のマーケットは大パニックに陥ってしまう。まさに、行きはよいよい帰りは怖いだ。

リスクコントロールしているから大丈夫？

55

機関投資家が多額の顧客資金を預かり運用するにあたっては、マーケットの下落リスクへの備えは欠かせない。それは、世界第1位とか第2位とかの巨大運用会社に限らずだ。

運用ポートフォリオのマーケット下落に対するリスク管理としては、オプション取引とかデリバティブなどを駆使するヘッジ手法が、ずいぶんと普及してきている。それらの手法も、すばらしく高度化してきた。

問題は、そういった運用リスクのヘッジ手法が、想定通りの機能を果たしてくれるかどうかだ。さてさて、リスクコントロールしているから大丈夫となるかどうか、大いに疑問である。

いずれ到来する未曽有の金融緩和バブルの崩壊時には、ほとんどの運用会社や金融機関の間で、巨額の投資損失や含み損が発生する。それで、経営危機に陥るところが多発しよう。

いつのバブルでも、巨額の新規買い資金がマーケットに流入してくる。次から次へと流入してくる資金で、株式や債券などをどんどん買い上がる。株価や債券価格などは天井知らずで上値を追っていく。それをみて、さらなる資金が預けられる。

この運用チャンスを逃すわけにはいかぬと、世界中の金融機関や年金マネーなどが、運用会社に資金を預けてくる。それで、機関投資家の資金運用ポートフォリオは、どんどん膨れ上がっていく。

その挙げ句の、金融マーケット暴落である。その寸前まで上昇に次ぐ上昇を続けてきた株価や債券価格などが一斉に急落をはじめる。

運用していた資産が、マーケット暴落で一瞬にして資産価値を大きく下げる。一方、預かり勘定はそのまま残る。資産勘定の急減に対して、預かり勘定がそのまま残ったギャップ状態を資産デフレという。

その資産デフレだが、今般の世界的な金融緩和バブルの崩壊ともなると、恐ろしいまでの巨額の資産価値が吹っ飛ぶことで生じるギャップだ。

ちなみに、日本の土地や株式投機バブルが90年代に入って崩落した。そこで生じた資産デフレは、各研究機関によって違うが、1160兆円から1600兆円の間と推計された。

なんと、日本経済の2・2倍から3倍もの資産価値の目減りである。

その点、いずれ到来する世界の金融緩和バブルの崩壊では、一体どうなるのだろう？　発生するであろう資産デフレの規模は、想像を絶する巨額となることだけは間違いない。

となると、多くの運用会社のポートフォリオはズタズタになろう。売るに売れない投資残のどれもこれもが巨額の含み損を抱え込んでしまうのだ。さあ、どうするのだろう？

56
カウンターパーティ・リスク

世界中の金融機関やノンバンクそして機関投資家が、金融緩和バブルの崩壊で巨額の資産デフレ状態に追い込まれよう。そして、経営破たんや経営危機の嵐が襲うことになる。

そうなってくると、機関投資家などが頼みとしていた運用リスクへのヘッジとやらも、軒並み吹っ飛んでしまう。どういうことか？

運用のヘッジとして多用されるオプション取引は、損失勘定をカバーしてくれると約束する相手があってのもの。つまり、相対取引である。

その相対取引だが、約束していた相手側が金融バブル崩壊で吹っ飛んでしまったり、資産デフレで経営危機に追いやられたりすると、契約を履行できなくなる。

つまり、頼みにしていたリスクヘッジが宙に浮いてしまうわけだ。これを、カウンターパーティ・リスクという。

金融取引全般は、信用でもって機能している面が多い。その信用機能がズタズタになってしまったら、もはや一巻の終わりである。

天文学的な資金を預かり運用している機関投資家たちは、運用リスクのヘッジ機能を全面的に頼っているはず。とはいえ、それも世界の金融マーケットで築かれてきた信用が、きっちりと機能してこそのもの。

金融緩和バブル崩壊で、多くの金融機関が経営危機に追いやられると、信用機能全般がズタズタになる。となると、多くの運用会社は期待していたリスクヘッジも効かず、巨額の投資損失や含み損の重みで、やはり経営危機に陥る。

そうなると、運用会社に資金を預けていた金融機関やノンバンクそして年金なども、大きな投資損失を抱え込むことになる。さてさて、こちらもどう処理していくのだろう?

第7章

これが本物の長期の資産形成だ

資産を保全しつつ殖やしていく

57

よく資産形成とか財産づくりが話題になる。そして皆が皆、お金を殖やすことに関心が行ってしまう。いくら儲かったとか、今年もどれだけの成績を上げたとか、そんなことばかり。

機関投資家の運用者なら、とにかく成績を上げることが求められる。それも、毎年の成績がベンチマーク（運用の評価基準）をすこしでも上まわれば鼻高々である。成績といっても、マーケットでの株価変動などをどれだけ上まわったとか、「マーケットは10％下げたが、こちらは3％のマイナスに収めた」とか、マーケットとの相対評価ばかり。そういったマーケット比較でもって運用者としての腕を誇る。

しかし個人の資産形成においては、それでは困る。毎年の成績を競うとかは、機関投資家の運用者たちにやらせておけばいい。

こちらは、10年はおろか20年30年の間に、どれだけ財産が積み上がったかが大事である。それも再現性の高い運用で、安定度高く資産が殖えていってもらいたい。それでこそ、財産づくりとなっていく。
本物の資産形成とは、そういうものだ。

マーケットでの価格変動はもちろんのこと、経済や社会の現場では「いつ、なにが起こるか」知れたものではない。なにか大きな逆風が吹いたりすると、投資運用している資産が大きく目減りすることもある。

その目減りが、1週間ぐらいで元の水準にまで回復してくれれば、まだいい。ところが、大きな経済や社会の変動などで、目減り状態が2年3年と続くこともあり得る。今般の金融緩和バブル崩壊では、4～5年あるいはもっと続くかもしれない。
もうそうなると、自分の財産づくりの道が間違っていたのかと、不安を覚えざるを得ない。資産形成を目指していたはずの投資運用が裏目に出てしまったと悩んだりもする。

機関投資家やその運用者たちであれば、「これこれの異常なる事態が発生したための成績悪化であり、これは不可抗力だった」とか言い逃れしていればいい。

ところが、資産形成を期待している個人投資家にとっては、そんな言い訳などどうでもいい。財産が大きく目減りした現実に、さてどう対処するかだ。

そういった不可抗力的な事態は、人間の世界また自然界においては、しょっちゅうである。そんな事態に遭遇したとしても、財産づくりの長期航海は怠れない。むしろ、そういった時ほどありがたみを感じるのが、真の財産づくりである。

では、どうしたら真の財産づくりの道を歩んでいけるのか？　それは、「資産を保全しつつ殖やしていく」を徹底するのだ。それが、本物の資産形成というものである。

58

大きな下げを食らえば、元も子もない

資産形成や財産づくりを目指すならば、投資運用は避けて通れない。投資運用をするにあたっては、マーケットでの価格変動にどう対処していくか、これまた避けて通れない永遠の課題である。

マーケットでの価格変動というと、先に書いた大きな下落相場も、いくらだって起こる。その都度、不可抗力だったと言ってはいられない。

では、どうしたら良いのか？

投資運用していくにあたっては、マーケットの大きな下落は、いくらでも起こり得ると最初から想定しておこう。

そして、それを避けた投資運用を心がけることだ。

どんなに運用成績を積み上げていっても、一発大きなマーケットの下落を食らったら、元も子もなくなる。そのことを、しっかりと認識しておくのだ。

現に、本書を執筆しているいまも、空前のカネ余りに沸いているバブル高相場が、いつ大崩れしはじめても、おかしくない状況にある。世界的なインフレ圧力で金利も上昇してきている。

なのに、世界の金融マーケットはしぶとく頑張っている。投資家たちも、いまだ値上がり益を追いかけている。機関投資家は音楽が鳴っている間は、踊りを続けるのが仕事とばかり、マーケットにどっぷりと浸かっている。

われわれ本格派の長期投資家からすると、どれもこれも資産形成の道からは大きく逸脱している。それこそ、クワバラクワバラと思いながら、彼らの無謀さを眺めるばかりである。

こんな高値圏でマーケットにしがみついていても、それほど多くの投資リターンは期待できない。現に、世界の株式市場や債券市場は、2021年につけた高値をなかなか超えられないでいる。

最近、NYダウ工業30種平均株価が、ようやく史上最高値を更新しただけである。

その上昇も2024年に想定される利下げ期待を先取りした買いが入ってのもの。
それと、大手企業の自社株買いが急速に増加していることも、ダウ平均の上昇に貢献している。ちなみに、自動車大手GMは、総額100億ドル（約1兆4200億円）の自社株買いと、配当性向の引き上げを発表した（日本経済新聞／2023年12月15日）。

ともあれ、この2年間というもの、世の投資家たちはまだまだ上昇相場は続くと期待して新高値に挑戦してきてはいる。それで、彼らは一体どれだけの投資収益を積み上げたというのか。

もっとも、株式などのディーリング売買を専らとしている人たちからすると、「この2年間も十分に稼げた」と胸を張るかもしれない。
まあ、ディーリング売買を専らとしている人たちにとっては、長期の資産形成など眼中にないから、横へ置いておこう。

戻るが、われわれ本格派の長期投資家は、こんな高値圏での買いなど、絶対に考えられない。いつ大崩れするか知れたものではないマーケットからは、遠く離れておくに如かずだ。

それどころか、高値に跳ね上がった保有株あらば、どんどん利益確定の売りを出していく。

どうせ、そのうち大きく下がるだろう。そう考えたら、「ありがとう」と利益確定させてもらえて、ごきげんである。

59

投資運用における虚と実

投資運用していて、よく「こんな勘違い」をしがちである。それは、こういうことだ。いくら株価が上がっている、債券市場も上がっていると喜んでいても、それは絵に描いたモチに過ぎない。

絵に描いたモチ？　そう、「儲かっている」と喜んでいても、たまたま株価などが上がっているだけのこと。下げだしたら、その寸前までの喜びなどたちまち吹き飛んでしまう。

株価にしても債券価格にしても、買う人が多ければ上がる。なにかの加減で売りが集中すれば、一気に下がってしまう。相場なんて、それだけのこと。

大きな上昇相場では、後から後から買いが入ってくるからどんどん上がっていく。その上昇相場にうまく乗れて、自分の資産勘定が殖えていると喜んでいても、その相場が、いつどう転がるか知れたものではない。

それまでの上昇相場が下げに転じるや、殖えていると喜んでいたはずの資産勘定が、あっという間に縮小してしまう。それまでの喜びがウソのように消え去って、あるようで実はなかった「虚」だったことを思い知る。

そう、「投資運用なんて虚を追いかけているだけ」という面がある。それを忘れてはならない。

株価などが上昇していれば、その間は儲かっているという満足感に浸っていられる。ところが、株価などが下げに転じるや、それまでの満足感が一気に吹っ飛ぶ。まるで虚を追いかけていたかのように、その寸前までは殖えていたはずの資産が大きく減ってしまう。

儲かっていたはずが、実のところそうでもなかった。これを「投資運用における虚と実」といって、毎日のように繰り返されている現象である。

どうしたら、虚を実にしていけるのか？　簡単なこと、適当なタイミングで売って利益確定をするのだ。

株価などが上がっていると喜んでいても、そんなものは絵に描いたモチである。しかるに、どこか高いところで売って投下資金を回収した瞬間、絵に描いたモチが現実の利益となる。つまり、実だ。

そう、投資運用で大事なのは、適度なタイミングで利益確定の売りを実行することだ。虚を実にするわけだ。

60 買って売るのリズムを大事にする

虚を実にするのが大事といっても、投資運用を続ける限りは、ずっとマーケットを相手にしなければならない。

利益確定の売りを出して投下資金を回収するのはいいが、それで終わりではない。

また、どこかでマーケットに入っていかなくては、次の投資ができない。

となると、買っては売りを繰り返すのはいいとして、結局はマーケットに居続けることになるのでは？　つまり、虚の世界に居続けることではないのか？　そう思いたくもなる。


まさに、その通り。投資運用をするということは、ずっとマーケットとお付き合いするわけだ。その間は、虚の世界にいることになる。


そこで大事になってくるのは、自分の投資リズムを守ることだ。

マーケットにどっぷり浸ったままではなく、いつもマーケットとはつかず離れずの投資スタンスを守る。マーケットが大いに沸き上がっている時は、どんどん売り上がっていく。売った後は、のんびりと外から眺めているわけだ。

その上で、マーケットが大きく売られている時には、おもむろに、あるいは果断に買い出動する。安値を買いにマーケットへ入っていくのだ。

大きく売られるのは、経済や社会情勢が揺れたり、投資環境が悪化した時だ。そんな時は、多くの投資家が売り逃げに走るから、マーケットは大きく下げる。

玉石混交で売られている中、これとこれは拾っておこうという投資対象が出てくる。それらを、バーゲンハンティングするのだ。


投資は「安く買っておいて、高くなるのを待って売る」だけのこと。これはと思う投資対象を、皆が売りまくる安値で買い仕込んでおけば、後はのんびりと待つだけでいい。

そのうち経済情勢や投資環境が好転してくると、株価などがそれを先取りするかのように上昇しだす。しばらくは、「オー、皆が買ってきたな」と株価上昇を眺めていればいい。こちらは安く買っておいたから楽なもの。

上昇相場に入ったのがはっきりしてくるにつれて、多くの個人や機関投資家が儲かりそうだと、ガツガツ買ってくる。

こちらは暴落相場でバーゲンハンティングしておいた。安く買い仕込んでおいた株式を、多くの投資家が後から買い群がってくる様を眺めているのも気分がいいものだ。

そのうち、安値で買い仕込んだ株式などが相当に高くなってきたなと思えば、すこしずつ売り上がっていく。

売っていく段階で、「株価はどこまで上がっていくだろう」とか、「上値のメドは、どのくらいかな」などは一切考えない。あくまでも、「ずいぶん高くなったな。そろそろ売っておこうか」ぐらいの感覚でいい。

ほんのちょっとでも、「この上昇相場は、どこまで上がるのだろう」とか「上値のメドは」と言い出したが最後、もはや長期投資ではなくなる。あっという間にマーケット追いかけ型の投資に引きずり込まれてしまう。

ひとたびマーケット追いかけ投資に引きずり込まれるや、もう自分の投資リズムは遠く消え去ってしまう。「もっと上がるのでは」「いや、そろそろ売った方がいいのかも」と、マーケットの日々の変動に右往左往させられるはめに陥る。

もうそうなると、長期投資どころではなくなる。ひたすらマーケットの価格変動を追いまわすものの、結果的にはマーケットに振りまわされるだけとなってしまう。

マーケットなどの相場動向がどうなるかなんて、それこそ神のみぞ知る世界。「この先どうなるだろう」と、マーケットを読もうとしたところで、逆に振りまわされるのがオチである。

一方、自分のリズムでもって投資を続けていれば、あくまでも「こちらのペース」である。それならば、「安く買っておいて、高くなるのを待って売る」とする自分の投資を完遂できるというもの。

61

お金持ちの運用に学ぼう

ヨーロッパそして米国には、投資運用でもって大きな財産を守り育てているお金持ちが多い。彼らは、実に厳しく自分の投資哲学を守っている。確固とした投資哲学を持ち、それを断固として守っている。だからこそ、お金持ちであり続けているともいえる。

つまらない儲け話や、どこからともなく舞い込んでくる投資案件などに、フワーッと乗るようなことは決してしない。

では、どういった投資哲学なのか？　以下で、ゆっくり説明するとしよう。読者の皆さんには、すごく参考になるはず。

お金持ちの投資運用で、第1にあげられるのは、自分がよくわからないものには、絶対に手を出さないということだ。儲かりそうな話とかに飛びついたり、なんでも食らいつこうなんてことは、あり得ない。

彼らは自分が好きな分野をとことん追いかける。それも10年はおろか、20年30年かけて、その分野を深く学んでいく。いつの間にか、その分野に関しては相当な専門家となってしまう。

自分がよくわかる分野で、時として「これは売られ過ぎだ」と思える案件に出くわす。自分の考える価値観からは、安過ぎると判断するや、ちゅうちょなく買いにいく。すべて、自分の価値判断でもってだ。

これが、彼らの投資哲学の第2だ。自分のよくわかるものが安いと思えば、さっさと買ってしまう。そして後は、のんびりと保有し続ける。

そのうち、といっても半年後か3年後かはどうでも良くて、いつかどこかで、先に買って保有していた案件に対する世間の価値評価が高まってくる。

お金持ちたちは、価値評価の高まりを当然のことだと、自分の先見力を満足気にのんびりと眺めている。

さらに世間の価値評価の高まりが進み、マーケットでやたら人気化してくるにつれて、「これは、ちょっと買われ過ぎだ」と判断したら、さっさと売りに入る。これが、お金持ちの投資哲学の第3である。

自分の価値評価よりも高くなり過ぎだと思えば、さっさと売る。決して、「まだ上がりそうだ」とか「もっと儲けよう」なんて欲は出さない。

あくまでも、自分の価値判断に忠実であろうとする。そのためにこそ、日頃から時間をかけて、自分の好きなテーマを追いかけては磨き込んできた価値観だ。

信じるは、自分が磨き込んできた価値観のみ。世間の評価やマーケットでの人気などに流されることなど、あり得ない。これぞ投資哲学というものだろう。

第4は、自分の価値評価で高いと判断して、さっさと売った。売って回収した投下資金と利益は、すぐさま手元に戻す。

間違えても「次はどれを買って儲けてやろう」なんて、いやしいことは考えない。自分の価値判断から逸脱して欲の皮を張るなんてことは絶対にしない。

売ったら現金にして、安全なところで保管しておく。そしていつどこで発生するか知れない、次の売られ過ぎをじっくりと待つ。これが、お金持ちが大切に守る投資哲学の第5だ。

世間の価値評価やマーケットでの人気化とは、常につかず離れずの立ち位置を保つ。その上で、安ければ買いに行くし、高ければ売って現金にしてしまう。この長期の投資リズムを決して崩さない。

どんな時でも自分のペースで「安い時に買って、高くなるのを待って売る」を繰り返すことで、投資収益を着実に積み上げていく。

世間の評価やマーケットでの人気化とかに決して流されない。

だから、お金持ちたちはバブル崩壊だとかマーケット大暴落とかからは、いつも遠く離れていられるのだ。

62

投資運用のエッセンスは全部入っている

お金持ちの投資哲学をみてきたが、どれもこれも実に当たり前なこと。そう思わないか。そんなこと、言われなくてもわかっているよ。そういって、読者の皆さんは反発するだろう。

反発するのは自由。だが、どうだろう。この当たり前のことが、なかなか実践できていないのでは？

お金持ちの投資哲学の第1から第5まで、どれもこれも当たり前のことだ。さはさりながら、実践できているかどうかは別問題である。

なぜ実践できないのだろうか？　お金持ちの投資哲学を実践すれば、読者の皆さんも皆お金持ちになれるというのにね。

以下に、読者の皆さんが実践できない理由を洗い出してみよう。悔やしいだろうが、いちいち思い当たるはず。

第1に、皆さんは投資で儲けよう儲けようとし過ぎている。それで、ここだけの情報だとか、すぐにでも儲かりそうな話に耳を傾けたり、マーケットで株価上昇などの勢いが強まるや、飛びついたりしてしまう。

どんな儲け話も、その話が皆さんのところへ届く前に、多くの人たちが先に買っている。つまり、もうすでに株価などに織り込まれているのだ。

また、どの上昇相場も、すでに多くの人たちが買っている。だから、株価などが上がっているわけよ。ということは、先にずっと安値を買った人たちは、いつどこで利益確定の売りに転じるか知れたものではない。

そんなところを、儲かりそうだとノコノコと買いに行くなんて、よほどのお人好しか、欲ボケまる出しである。相場なんて、いつどこでどっちに転がるか、知れたものではないというのに。

第2に、どの投資家も「儲けたい、お金を殖やしたい」が先に出て、そちらの方向にばかり注力したり、情報を集めようとする。巷の投資本とかマネー雑誌とかでは、それらのオンパレードである。

その一方で、お金持ちたちのように、自分の好きな分野を徹底的に追求したり、10年20年かけて勉強したりはしない。自身のよくわかる価値観を磨き込む努力なんて、まるでなしだ。

本当によくわかる分野で自分の価値観を磨き上げてこそ、安いところでさっさと買えるはず。その時々の人気を追いまわしているだけの薄っぺらな情報などでは、とうてい腹のすわった投資などできやしない。


第3に、のべつまくなしで買ったり売ったりを繰り返すのは、株式などのディーリングというものである。また、マーケットのディーリング売買をもって、投資と思い込んでいる人たちがやたらと多い。

その点、お金持ちたちは年がら年中、マーケットにどっぷり浸かっているなんてことはしない。日本でも昔からいわれている「休むも相場」に、むしろ近い。

ディーリング売買を含め、マーケットにどっぷりと浸かっていては、マーケットに振りまわされるだけである。自分の投資リズムなんて、とても守れない。結局はマーケットに翻弄されて、押し流されることになる。

その点、第4だが、売って利益確保したら現金にしておくというのは、マーケットから離れるということである。マーケットから離れていれば、予期せぬ価格下落リスクを食らうことはない。

マーケット下落によって思わぬ損失を被るなんて心配もせず、ゆったりと次の買い場を待つわけだ。あくまでも、自分の投資ペースを守る。

これを別の角度からいうと、投資は超ワガママでいいのだ。買いたい時に買って、売りたくなったら売る。完全にマイペースだ。

さらにいえば、「なんで、こんなところで買うの？　損するだけだよ」などと言われようと、「放っておいて。買いたいから買うんだ」を断固として貫く。なんでも人の言うことを聞く、お利口ちゃんになる必要は、さらさらない。

あるいは、「えっ、もう売るの？　相場は、まだこれからなのに」と言われても、「構わないよ。儲けは儲けなんだし」と軽く受け流す。「まだ売るのは早い、まだまだ上がるよ」などといった悪魔のささやきは、はなから無視する。

第5に、自分のリズムで「安く買って、高く売る」を繰り返して積み上げていく投資リターンは、複利の雪ダルマ効果でどんどん大きく殖えていく。

その間にも、大きなマーケット下落は絶対に食らわないよう心がける。そうしていけば、もう十分なる財産づくりとなっていく。

第6に、ここまで読んできて気づいたと思うが、分散投資なんてことを一言もいっていない。それどころか、よく知ったものへの集中投資を強調している。

よく分散投資をしようと教えられるが、あれはマーケットを相手にしているからのこと。変転きわまりないマーケットの価格変動を相手にすれば、分散投資で下落リスクを最小限にしようとなる。

ところが、お金持ちのように価値がよくわかるもの、それが大きく売り込まれている時に買うのだ。別に分散とかで、リスク回避を考える必要もない。

むしろ集中投資だ。

下手に、あれこれわからないものに手を出すのとは違う。ずっと長く勉強してきて、自分の思う価値よりも売られ過ぎというものを買うのだ。リスク分散の必要性など露ほども感じないはず。

もちろん、よく調べてしっかり価値判断できるものしか買わない。だから、集中投資なのだ。やみくもな分散投資など、危なっかしくて手を出す気もない。


どうだろう、ここまで読んでくると、驚かないか？　投資運用に必要なポイントは、すべて織り込まれているとね。

お金持ちたちはガツガツ儲けようとか、あらゆる投資チャンスに首を突っ込もうとかは絶対にしない。それでいて、着実に資産を殖やしていくわけだ。

決して、マーケット暴落とかの荒波は食らわない。それだからこそ、お金持ちたちは長年月にわたって資産を守り育てていけるというわけ。

第8章

金融のプロは、資産運用がわかっていない

63

やたら新NISAで沸いているが

最近、資産運用とか資産形成の必要性とかが頻繁に語られるようになってきた。2024年はじめからの新NISA移行や、首相の唱える資産運用立国が、それに輪をかけている。

中でも金融業界はビジネス拡大につなげるチャンスと、やたら意気込んでいる。とりわけ、24年からはじまる新NISAでは税控除対象の投資枠が大幅に増額される。税控除というニンジンは、営業にとって強力な武器となる。

ところが、その制度が、どういう理由なのか一人一口座とされている。それで、金融各社は新規口座獲得の陣取り合戦で熱くなっている。

日本で資産運用というものに関心が高まるのは、大いに歓迎すべきこと。されど、それが金儲けにつながると期待するのは、あまりに短絡的に過ぎる。まさに、日本の金融業界全般の資産運用オンチぶりを露呈している。

資産運用オンチ？　日本にはまともな資産運用サービスというものが、これまで存在しなかった。それで、証券会社をはじめ金融界の人々は資産運用ビジネスというもの厳しさを知らない。どういうことか？

2024年からの新NISAにしても、これから投資をはじめようとする人たちに新規口座を開設してもらえば、それで良しではない。

そこから先、投資家顧客が運用成果を上げて、ずっと資産形成の道を歩み続けていってもらう。そのお手伝いをする責任がはじまるのだ。そのあたりを、日本の金融界はやたらと甘くみている。


早い話、本書で指摘しているように、いまは金融緩和バブルの最終段階である。こんな高値で投資をはじめても、高値づかみをするだけである。つまり、タイミングが最悪なのだ。

また、ほとんどの投資対象商品がカネ余りバブルに乗って相当な高値圏にある。新NISAの制度を活用して、つみたて投資をはじめるにしても、これからの下落相場に耐えられるかどうか。

耐えられるかどうかと指摘する理由は、ふたつある。

ひとつは、投資がはじめての人たちが、強烈な暴落相場がはじまった中で、果たしてどこまでつみたて投資を続けられるかだ。相当に不安を覚えたりするだろう。暴落の渦中で、投資を続けられるかだ。

もうひとつは、つみたて投資の対象となっている投信ファンドなどが、どこまで下落相場に耐えられるかだ。その投信ファンドを設定運用している投信会社の経営が、金融バブル崩壊でガタガタになることも十分あり得るというのに。

だいたいからして、現行のＮＩＳＡにしても、新ＮＩＳＡにしても、税控除の特典ばかりが喧伝されている。そこがおかしい。金融界からすれば税控除というニンジンでもって商売になれば、それで良しなのだ。

ところが、ＮＩＳＡも新ＮＩＳＡも投資収益が出てはじめて税控除の恩恵が得られる制度である。投資で利益が得られても、通常のキャピタル・ゲイン税が課されない、まさに美味しそうなニンジンである。

たしかに、新ＮＩＳＡの制度はありがたい。なのに、カネ余りバブル相場の最終段階にある現在、下手に投資をはじめると高値づかみをさせられる可能性が高い。

投資がはじめての人たちには、高値づかみしてしまった投資を、ずっと塩漬けにして戻りを待ってもらうのか？　将来どこかで売って利益が出なければ、税控除というニンジンにありつけないのに。

一方、投資損失となった場合は、ＮＩＳＡや新ＮＩＳＡ制度ではなんの優遇もない。通常の投資なら儲かった部分と損失部分とを合わせて損益通算ができる。

このあたり、金融界は口をぬぐっている。

これから先、長いお付き合いができるのか？

64

日本の金融ビジネスで一番欠けているのが、投資家顧客と長いお付き合いをしていこうとする姿勢である。

もちろん、金融各社は口々に顧客重視とか、お客様に寄り添ってとかを連発してはいる。でも、その実体はというと、手数料などをできるだけ多く稼ごうという腹だ。

それは、金融マンたちの高い給料水準をみれば一目瞭然だろう。また、どこの銀行や保険会社も立派なビルに拠を構えている。それらを支払っているのは顧客のはず。

とりわけ、証券会社への信頼は低い。証券会社はどこも株式などの売買手数料や投信の販売手数料を稼げば、それで良しの考えでずっとやってきた。

顧客がうまく儲けている間は、次から次へと営業をかけられる。損して離れられたら、別の新しい顧客を開拓すればいいだけのこと。

投資家顧客との間では、長いお付き合いができるかどうかの信頼関係などは二の次だ。それよりも、客に儲けてもらえば商売は続く、損させたら別の客にアタックすると、きわめてドライである。

そのドライさで、資産運用ビジネスを手がけてもらっては困る。儲かった損したを繰り返しているだけでは、とうてい投資家顧客の資産形成にはつながっていかないのだから。

たとえば、新NISA口座で株式や投信など投資商品を買ってもらうまでは、いつも通りの手数料稼ぎビジネスである。新NISAに世の関心が高まっているのに乗じて、新規の顧客口座を開拓する。そして、手数料収入につなげられれば目的達成だ。

ところが、その新NISA騒ぎだが、顧客の資産形成につながっていかなければ、それこそ一時のブームで終わってしまう。これは証券のみならず、金融界全般にいえることだ。

つまり、資産運用ビジネスとしての責任は果たせないし、その後の発展にもつながっていかない。この「時間の経過で、ますます真価が問われる」といった意識が、日本の金融業者にはまったく欠けている。

そもそも、資産運用ビジネスは20年30年40年と責任が続く、実に息の長い仕事である。投資家顧客の安心と信頼感を勝ちとるだけでも、それこそ10年や20年はかかってしまう。

このあたり、金融ビジネスの感覚とは、まったく相容れぬものがある。

金融ビジネスでは、一件ごとの案件を仕上げることで、ビジネス完了となる。株式などの売買手数料、債券や株式などの発行における引受手数料、投信の販売手数料等々が、金融ビジネスの収入源である。どれもこれも、案件を仕上げるごとに一件落着となる。

それで、金融マンたちは次から次へと新たなる顧客営業チャンスに飛び込んでいく。顧客が儲かろうが損しようが、そのサービスはそこまで。すぐさま次の案件に飛びついていくのが、金融マンたちの習い性となっている。

その延長線上で資産運用ビジネスをとらえているとしたら、とんでもない考え違いである。

65

投資運用が存在しなかった日本

日本では、1980年代まで世界がうらやむ高度成長が続き、人々の給料もどんどん増えていった。国民からすると、預貯金しておくだけで十分に金融資産は積み上がっていってくれた。

だから、「投資なんぞ、よほどバクチ好きの人間のやること」ぐらいの感覚でやってこれた。それもあって、銀行や保険会社と比べ、証券会社の社会的ステータスは、まったくもって低かった。

そして、1990年以降はというと、日本経済はジリ貧と長期低迷に陥って、今日に至っている。その間、ずっとデフレ現象が続いたので、現金ならびに預貯金の価値はむしろ高まってくれた。結果として、やはり投資は必要とされてこなかった。

そういった環境下で、戦後から今日まで70年あまりというもの、ずっと証券会社が中心となって、儲かった損したのバクチ的な投資が繰り返されてきただけである。それが、日本の金融業界における資産運用サービス（？）の実態である。

その間にも、日本経済の高度成長に支えられて、日本の資本市場はすばらしく大きくなった。債券市場にしても株式市場にしても、世界有数の規模を誇っている。

とはいえ、債券投資といっても大半は満期までの持ち切り運用が主体だった。運用を担当した機関投資家は、満期まで保有しては、半年とか1年ごとの利金収入を計上するだけだ。それをもって債券投資としていた。

だから、巨大化した債券の発行市場に比べて、運用をベースとした債券の流通市場は、ずっと貧弱そのものできた。さすがに最近は債券市場での売買は活発化してきているが、米国債市場などと比べると流動性はまだまだ低い。

一方、株式市場はというと、儲かった損したのバクチ的売買を中心に、規模だけは巨大化してきた。その反面、たとえば資産運用ビジネスの中心的存在である投信業界は、歴史的にゴミ箱扱いされてきた。

ゴミ箱？　そう、大手証券の強引な株式営業の後始末としてのだ。個人投資家の間で大量に高値づかみさせ、売るに売れなくなった株式の買い取り役を、投信に押しつけたりしてきたわけだ。ひどいものである。

これでは、日本の投信の成績が悪くて当然のこと。そういったゴミ箱の役割を押しつけられてきた投信ファンドは、どれもこれも野たれ死に状態に放置されてきた。それが、６０００本を超す投信ファンドの大半である。

たしかに、日本の証券市場は世界有数の巨大規模を誇るまでになった。しかし、そのマーケット参加者は、株式のディーリングなど資金運用に明け暮れている機関投資家、それと儲かった損したを繰り返すバクチ的な個人投資家が大半である。

そんな金融界にはとてもついていけないと、日本の個人マネーはずっと背を向けてきた。現に、国をあげて「貯蓄から投資へ」が語られているにもかかわらず、個人の預貯金マネーは積み上がる一途である。そしてついに、１０１１兆円にまで膨れ上がった（日銀統計／２０２３年６月末）。

この現実をみるにつけ、日本の金融業界全般に資産運用ビジネスというものを、まったく知らないというしかない。また、その準備も覚悟もできていない。

だから、ここへきての「資産運用立国」も、新しい儲けのチャンスぐらいにしか、とらえていないのだ。

金融ビジネスとは時間軸が違う

66

そもそも、資産運用ビジネスは時間軸が長い。お客様とのお付き合いは、10年20年30年と続いていく。その間ずっと長期運用の任務と結果責任がついてまわる、実に息の長い地道な仕事である。

この点だけをとっても、いくら資産運用の時代だといったところで、決して一般的な金融ビジネスの延長線上で考えてはならないのだ。金融商品のように販売して手数料を稼いで、はい終わりでは無責任きわまりない。

資産運用ビジネスは、一般生活者の財産づくりをお手伝いしていくものである。それも、10年20年30年という長期の時間軸でだ。

投資家顧客からは、再現性の高い投資運用でもって、資産形成の成果が時間の経過とともに積み上がっていくことが求められる。

それが、資産運用ビジネスを展開する企業に課される責任である。その責任を全うしていくことで、はじめて国民は安心し信頼して、預貯金に寝かせたままにしてある虎の子の資金を、資産運用に託せるようになる。

国民が安心し信頼して資産形成に入っていく流れを築いていくことで、晴れて資産運用立国といえよう。

つまり、日本が名実ともに資産運用立国となっていく地盤を固めるだけでも、少なくとも10年はかかる。しかるに、日本の金融業界は資産運用ビジネスの準備さえ整っていない。

現に、金融業者の一体どこが、10年20年と時間が経てば経つほどに成績が積み上がってくるような運用商品を提供しているといえるのか。

さらには、いま日本で資産運用サービスを専業としているといえる会社が、一体どれほどあるのだろう?

助言業務や投資一任業務を手がける投資顧問業者は、ずいぶんと増えてきた。ただ、投資顧問業務では個々の契約顧客との個別対応となり、それほど多くの顧客は抱えていられない。

どうしても、富裕層などの大口顧客を優先したくなる。それもあって、一般生活者など小口投資家への資産運用サービスの広がりには限界がある。

その点、投信会社であれば公募ファンドを設定することで、不特定多数の顧客に投資運用サービスを提供できる。それこそ、1ファンドで10万口座でも100万口座でも担当できるので、国民の資産形成ニーズに最適の投資運用商品である。

大量設定、大量解約、野たれ死にの山

67

日本の投信会社の大半が証券会社や銀行の子会社である。それで、どの投信会社も親会社の金融ビジネスに良かれと、つまり販売手数料などをしっかり稼げるという方向での経営に終始している。

たとえば、新ファンドを設定するにおいても、親会社など販売サイドの意向を忠実に反映させる。つまり、その時々で投資家に人気の高いテーマを追いかけた新ファンドを設定するわけだ。そうしないと、販売サイドは動いてくれない。

この流れで、日本の投信はいつも上昇相場のピーク近くで、新ファンドを設定することになる。

販売サイドは、「この投資テーマは人気化しているから、株価上昇はまだまだ続きますよ」と、個人投資家の買い気をそそっては、新ファンドの大量販売に拍車をかける。そして、販売手数料をたっぷりと稼ぐ。

その時々の投資家人気の高いテーマを追いかけた運用など、高値づかみをしにいくだけである。だいたいからして、その時の話題や投資家人気なんて、そう長続きはしない。
それどころか、投資家人気がはげるや、株価は急落する。テーマ追いかけ投信の成績も急悪化する。結果として、どのファンドも大した運用成果は残せない。それが、日本の投信会社の運用である。

どの投信会社も販売サイドの意向に振りまわされて、次から次へと新しい投信を設定しては、大量設定・大量解約を繰り返す。その挙げ句に、野たれ死に状態となったファンドの山を築くことになる。

その成果(?)が日本では6000本を超える投信ファンドとなっているわけだ。経済規模や個人金融資産残高が日本の10倍ほどになっている米国だが、投資ファンドの本数は日本よりずっと少ない。

あるいは、証券会社が昔から飯の種としている株式市場への上場会社だって、その数は3800社ほどでしかないのだ。

なのに、日本の投信ファンドは一時6400本を超えていた。そのほとんどが、大量設定しては大量解約の売りにさらされて野たれ死に状態となった、いってみれば残骸である。

このように、まともな資産運用サービスとはほど遠いビジネスを、日本の投信業界は延々と続けてきたわけだ。

次から次へと新ファンドが設定され、そちらへの乗り換え営業で販売手数料を稼ごうとする日本の投信業界の悪弊が、あまりにもひどくなった。そこで金融庁が強力に指導して、最近ようやく自粛の方向性がみえてきたところである。

それでも、日本の投信各社はファンド販売を親会社などに頼らざるを得ないのが、どうにもならない現実である。その結果、いつも運用は二の次となってしまう。

そんな具合で、運用よりも販売重視のビジネスを延々とやってきたのが、日本の投信各社である。果たしてどこまで投資家顧客の長期の財産づくりに資する運用ができるかは、甚だ疑わしい。

68

機関投資家は何をしているのか？

運用のプロとされる機関投資家だが、彼らも一般生活者の資産形成サービスにおいては、適任者とはいえない。現に日本の機関投資家は、個人が安心し、信頼して資産形成を託せる投資運用商品を、1本として世に出していない。

たしかに、機関投資家は年金など巨額の資金を運用している。とはいえ、彼らの運用の姿勢も目的も、資産運用ビジネスのありようとは根本的に違う。

機関投資家の運用現場では、いかに毎年の成績を積み上げていくかの競争に追いまくられている。成績が悪ければ、預かり資産は競争相手にもっていかれる。だから、どこも毎年あるいは四半期ごとの成績を叩き出そうと必死である。

成績の評価基準は、平均株価などを運用の目標（ベンチマーク）とし、それをいかに上まわっていくかが勝負となる。つまり、時々刻々と変動していく平均株価を追いかけては、それを上まわる成績を出し続けていかねばならないのだ。

ひたすらマーケットで売買益を積み上げていき、それをもって運用成績とする。そういった運用を、マネーマネジメント（Money Management）、つまり資金運用という。

追いかけるのは、運用成績という無機質な数字のみ。

1970年代までは、年金の運用といえば10年単位の長期投資が当たり前であった。それでもって、30年40年後の年金給付に向けて、その原資の最大化を狙ったものだ。まさしく、年金マネーは本格的な長期投資運用（Investment Management）の華だった。

ところが、80年代に入り年金が世界最大の運用マネーに躍り出た頃から、年金マネー獲得のマーケティング競争がどんどん激化していった。そして、あっという間に世界中の運用会社が、マーケティング主体の会社へと変貌してしまった。

たしかに、年金マネーを中心に世界の運用資産額は巨大に膨れ上がった。同時に、年金などの機関投資家運用は、世界中どこも投資運用ではなく資金運用が主体へと一変してしまった。

これを、機関（投資家）化現象という。

69

一体なんのため、誰のための資産運用ビジネスか

資産運用ビジネスに求められるのは、10年はおろか20年30年にわたって一般生活者の財産づくりをお手伝いしていくことだ。

その点、日本で資産運用を唱えている会社や金融機関が、一体どこまで長期視野に基づいた運用姿勢や経営体制を固めているのか。それを問いたい。

金融ビジネスの感覚では、その時々の投資環境をうまくとらえて、どう成績を上げるかに終始する。すべては相場、つまりはマーケットの動向次第。そして、どううまく相場をとらえて儲けていくかが、せいぜいのところだろう。

その感覚こそが、まさに資産運用ビジネスとは相容れないものである。そこには、一般生活者の資産形成を長期の投資運用でお手伝いしていこうとする意思も責任感も、まったくみられないではないか。

そもそも資産運用ビジネスは運用実績を積み上げていって、なんぼの世界。それも、マーケットでの価格変動を乗り越えて、10年20年と運用実績を積み上げていくのだ。

そのためには、自分のところが得意とする運用に沿った方向でのみ、顧客資金を集めるのが鉄則となる。やたらと運用資金を多く集めれば良しで、ダボハゼ的に広く営業をかけるなどは邪道もいいところ。

そんな八方美人的な資金集めをして、どうまともな運用ができようか？　こんなの当たり前のことだが、営業トークで集めた運用マネーなど、投資環境が悪化したりすると、すぐ逃げていく。

これまた、腰のすわった長期の投資運用を妨げるだけのこと。株価などが暴落した時は絶好のバーゲンハンティングの機会である。なのに、顧客資金がクモの子を散らすように流出していっては、せっかくの買い増しもできない。

資産運用ビジネスというものは、「小さく生まれて、大きく育ってしまう」が基本である。はじめは成績もなにもない。だから、身近なところで資金を集めて、運用をスタートさせるしかない。それが、小さく生まれてだ。

時間の経過とともに、運用実績が積み上がっていくと、それを良しとする投資家顧客が集まりはじめる。こちらの運用哲学と積み上がってきた運用成果を評価した投資家顧客が、どんどん集まって気がついたら大きなファンドに育ってしまっていた。

そんな、ごく自然体の成長パターンが、長期投資をベースとした資産運用ビジネスのあるべき姿である。

資産運用ビジネスでは、自社の得意とする投資運用でもって、とにもかくにも運用成績を積み上げていく。それに尽きる。投資家顧客の方は、そこの運用哲学や投資スタイルと、時間をかけて積み上がってきている運用成績を確認する。それでもって、長期の財産づくりを託せる運用会社かどうかを判断する。

自分の大事な資産づくりだ。頼んでもいないのに、舞い込んでくる営業の話などに乗ったり、一般的なうわさや評判などの人まかせにはしない。すべて自分の眼でたしかめながら長く付き合える資産形成のパートナーを探すのだ。

このふたつがガッチリとかみ合ってこそ、その先に資産運用立国の姿がみえてくるというものだ。

投資家は営業トークにだまされるな

70

投資運用商品の販売にあたって要注意なのは、どんな夢でも可能性でも語れることだ。これが、資産運用ビジネスで一番やっかいな問題である。

投資は将来に向けて資金を投入することで、すべてが可能性の世界。なにひとつとして、たしかなことはない。つまり、株式をはじめ投資運用商品の販売において、どんな美辞麗句でも並べたてることができるわけだ。

その中には、われわれ本格派の長期投資家による運用提案もあれば、販売手数料稼ぎが目的の投資商品の営業もある。あるいは、詐欺話に近い投資提案も紛れ込んでくる。まさに、ピンキリの運用提案であふれかえっている。

そこで辛いのは、投資家の多くが身近なところにある証券や銀行、そして郵便局の投資家窓口を頼ってしまうことだ。多くの一般投資家からすると、資産運用も金融ビジネスの一環としてとらえたくなるのが普通。

そして、どの窓口担当者も自社が販売している投資商品の購入を勧める。結果として、金融ビジネスの利益獲得目的に沿った投資商品を買わされることになる。それを資産運用だと信じて。

中には、いまの投資家人気に沿った大量販売目的の投資商品も、山ほどある。それが、この先どんな投資結果となっていくかは、神のみぞ知るだ。相場動向次第では、投資家が大きく儲ける可能性だってないことはない。

それで、担当者はたとえ販売手数料稼ぎが目的だったとしても、その商品の可能性を熱く語る。投資家の方も、将来の夢に乗りたくなり、結果として一時のブームに乗った投資商品を買わされてしまったりする。

そういった繰り返しを、窓口担当者と一緒になって延々と続けていくわけだ。そして、そのまま資産形成からはどんどん遠くなっていく。

販売サイドからすると、もう販売手数料などは稼いでしまっている。だから目的達成である。一方、投資家の方は次から次へと提案される投資商品に付き合わされて、それでもって投資運用していると思い込んでしまう。

その挙げ句に、投資は難しい、リスクが多いと嘆くわけだ。販売手数料稼ぎが目的の営業マンと付き合えば、当然のことなのに。

実におかしな展開だが、これが日本の投資運用の実態である。なにしろ、本物の資産運用ビジネスを提供しているところが少な過ぎる。

皆本物を知らない。それで、多くの一般生活者はどうしても大手証券や銀行そして郵便局の窓口に相談することになる。

マスコミも、大手金融機関の運用商品を中心に報道したがる。それをもって、資産運用とはこういうものだを、社会認識として固定化させてしまう。

新聞などで、よく取り上げられる投信ファンドの成績比較が、その典型である。メディアとしては、公平公正を旨として成績比較を一覧表にし、それをコメントする。

成績を比較するとなれば、ある程度の数の投信ファンドを並べて、ああだこうだと語る必要がある。一応は個人の資産形成というテーマで、5年10年という時間軸でもって比較評価しようとする。

そこに、落とし穴が待っている。5年とか10年あるいは15年の成績評価だと、リーマン・ショック後の世界的なカネ余り上昇相場にうまく乗れた投信ファンドが、ズラズラと上位に並ぶ。その成績評価をもって、本当に長期の資産形成を託せる投信ファンドだとは言い切れない。なにしろ、それら多くの投信ファンドはリーマン・ショック後に生まれ、空前のカネ余り上昇相場に乗っただけといえなくもないのだから。

せいぜい10年15年の成績上位ファンドが、ここから先の世界的な金融マーケットの暴落に、果たしてどこまで耐えられるのか。いずれ到来する暴落相場を乗り越えて、堂々と運用成績を積み上げていけるかどうかとなると、甚だ心もとない。

もっと長い期間で成績評価すればいい？　残念ながら、日本には20年を超す時間軸で、まともな成績評価できる投信ファンドは、2〜3本しかない。それが、日本の資産運用ビジネスの現実である。

そんな日本の現状だから、きわめて少数派ながら頑張っている独立系投信などの長期運用姿勢などは無視されがちとなる。これまた、お粗末な現実である。

長期の実績をしっかり見極めろ

71

人生100年時代とかいわれ、一般生活者の間でも資産形成を真剣に考える人が増えてきている。長生きリスクとか年金不安とかを考えるにつけ、資産運用でもって財産をすこしでも殖やしておきたいと誰もが考える。結構なことだ。

そこで問題となるのが、日本には長い実績を誇る本格的な投資商品がほとんどないという現実だ。まともな長期の資産運用モデルがないのだ。

いくら国民の間で資産運用ニーズが高まったところで、まともな成功モデルがないのが辛い。本物を知らないが故に、つまらない方向に引きずり込まれることになりかねない。

資産運用ビジネスでは、いろいろな投資の方法論や可能性を投資家顧客に訴えることができる。どれもこれも将来に向けての話であって、それこそ好きに営業トークを並べられる。

最近、大手証券や金融機関が盛んにTVコマーシャルを打って、資産形成で人生を豊かにと訴えている。そんな映像をみていると、思わず将来への夢が膨らんでいく。

52年余の運用経験を持つ筆者からすると、「オイオイ、あんたたちずいぶんときれい事を並べているが、それだけの実績あるの」と、思わず苦笑してしまう。

将来に向けて、どんな夢でも語れる。そんな中で、唯一たしかなことは、これまでの実績である。どのような投資哲学や運用方針でもって、これこれしかじかの成績を上げてきたかということが、はっきりわかる。

もっとも、それは過去の実績であって、今後も同じような成績を積み上げることができるかどうかは保証の限りではない。そう反論するのも自由。

さはさりながら、20年30年の実績ともなると、その運用会社の経営方針や投資哲学が、運用実績として如実に反映されるもの。

その点、日本の運用会社の大半が、20年30年の実績を誇れるような投資商品を持っていない。あっても、せいぜい10数年の実績に過ぎない。どこも、リーマン・ショック後の世界的な金融マーケットの上昇に乗った分が大きい。

真の実力が試されるのは、これからだ。

おわりに

世界はこれまで、金融資本主義とやらで人為の力を過信し、ゼロ金利や大量の資金供給でもって、市場での価格形成をゆがめ、さらには押し潰してきた。その上に大きく花開いたのが、金融緩和バブルである。

そういった金融マーケット主導で築いてきた張りボテ経済は、もう限界である。それに対し、ついに経済合理性のブレーキがかかってきた。

それが、世界的なインフレ圧力であり金利上昇である。

激変してしまうのだろう。

世界の多くの企業や金融機関が経営破たんに追い込まれ、いまをときめいてきた富裕層たちも姿を消そう。

国や中央銀行も、国債を中心に積み上がった借金や、肥大化させてきた財務の重みに身動きがとれなくなる。

どれもこれも、経済合理性に打ちのめされた結末である。

とはいっても、地球上81億余の人々の毎日の生活と、それを支える企業活動はなくなりっこない。つまり、実体経済はずっと続いているのだ。

われわれ本格派の長期投資家は、いつでも実体経済から一歩も離れず、経済合理性を投資判断のベースとする。

ようやく、長く待ち望んだ自然体の経済に戻ってくれるのだ。大歓迎である。

著者
澤上篤人（さわかみ・あつと）
さわかみホールディングス代表取締役、さわかみ投信創業者。1971年から74年までスイス・キャピタル・インターナショナルにてアナリスト兼ファンドアドバイザー。その後79年から96年までピクテ・ジャパン代表を務める。96年にさわかみ投資顧問（現さわかみ投信）を設立。販売会社を介さない直販にこだわり、長期投資の志を共にできる顧客を対象に、長期保有型の本格派投信「さわかみファンド」を99年に設定した。同社の投信はこの1本のみで、純資産は約3900億円、顧客数は11万8000人を超え、日本における長期投資のパイオニアとして熱い支持を集めている。著書多数。

暴落ドミノ　今すぐ資産はこう守れ！

2024年2月3日 初版発行
2024年3月9日 第27刷発行

著者　澤上篤人
発行者　石野栄一
発行　明日香出版社
〒112-0005 東京都文京区水道2-11-5
電話 03-5395-7650
https://www.asuka-g.co.jp
装丁　大場君人
写真　窪徳健作
図版　石山沙蘭
校正　共同制作社
印刷・製本　シナノ印刷株式会社

ISBN 978-4-7569-2323-3